國家圖書館
特藏珍品

乾隆御製稿本 西清硯譜

〔第十五册—第十六册〕

上海書畫出版社

第十五冊

欽定西清硯譜目錄

此行低一格
○第十五冊○

此行移入上一行空一格寫 接冊寫
石之屬

以下低二格
○○明文徵明琢玉硯 養心殿

○○明董其昌畫禪室端石硯 養心殿

○○明項元汴餅硯 養性齋

○○明項元汴東井硯 咸福宮

○○明林春澤人瑞硯 安瀾園

欽定西清硯譜

明文徵明瑑玉硯正面圖

貯養心殿

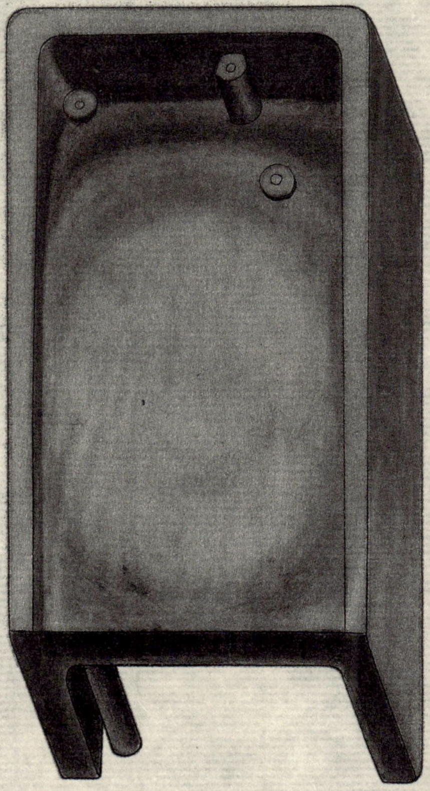

明文徵明瑑玉硯側面圖

衡山十四字
留銘抽思
能生翰墨
馨菲几恰
供宣席用
高軒不共
白雲停
乾隆御題

端谿之英石之精壽斯文
房寶堅貞
衡山

瑑玉
而章識

山明文徵明號而章款無考是硯石色淡而潤澤
墨鏽深透琭琭如玉文房小品此為最佳匣蓋鐫
御題詩與硯同鈐寶一曰朗潤匣底鐫寶一曰乾隆御
玩

御製題明文徵明瑑玉硯

衡山十四字留銘抽思能生翰墨馨棐几恰供宣席用

高軒不共白雲停

明文徵明銘　端谿之英石之精壽斯文房寶堅

貞

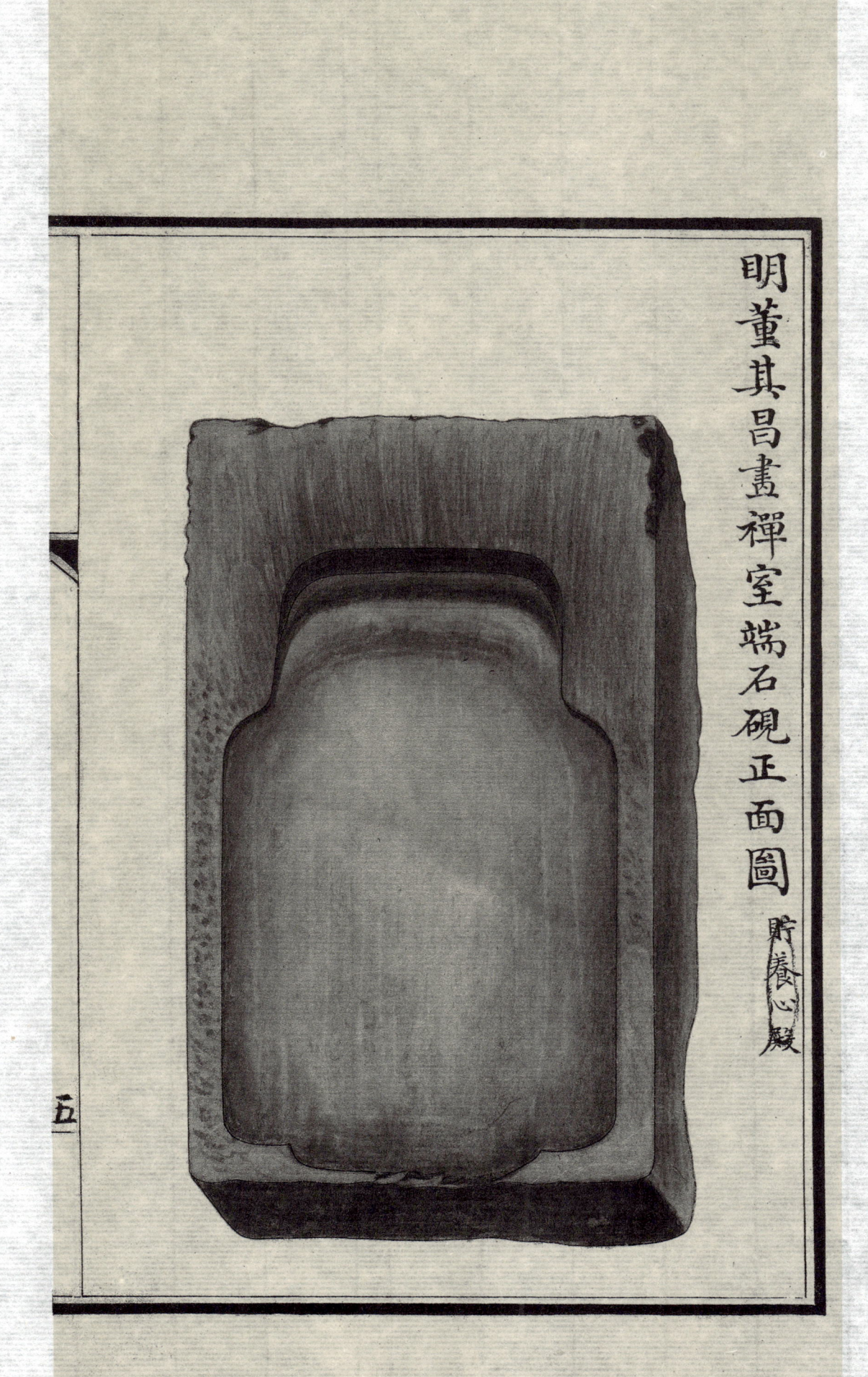

明董其昌畫禪室端石硯正面圖

貯養心殿

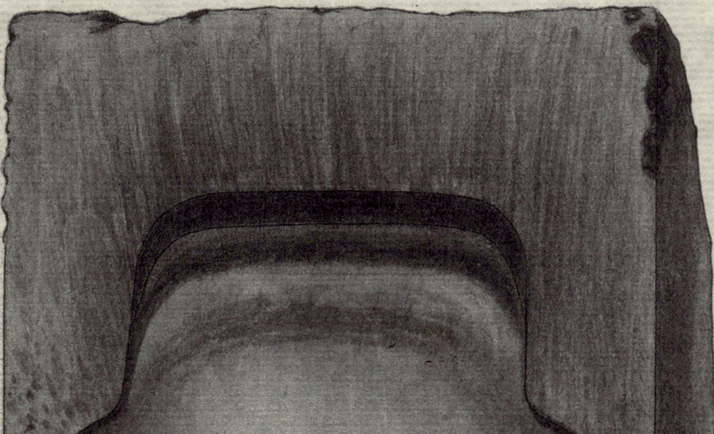

五

明董其昌畫禪室端石硯側面圖

老坑石貼五銖錢側畔分明泐畫禪既曰香光
契禪理依然著象豈真詮

乾隆御題

室著有畫禪室隨筆是硯係當日臨池所用匣蓋
鐫
御題詩與硯同隸書鈐寶二曰會心不遠曰德充符匣
底鐫寶一曰乾隆御玩

御製題董其昌畫禪室端石硯
老坑石貼五銖錢側畔分明㓛畫禪既曰香光契禪理
依然著象豈真詮

明項元汴餅硯正面圖

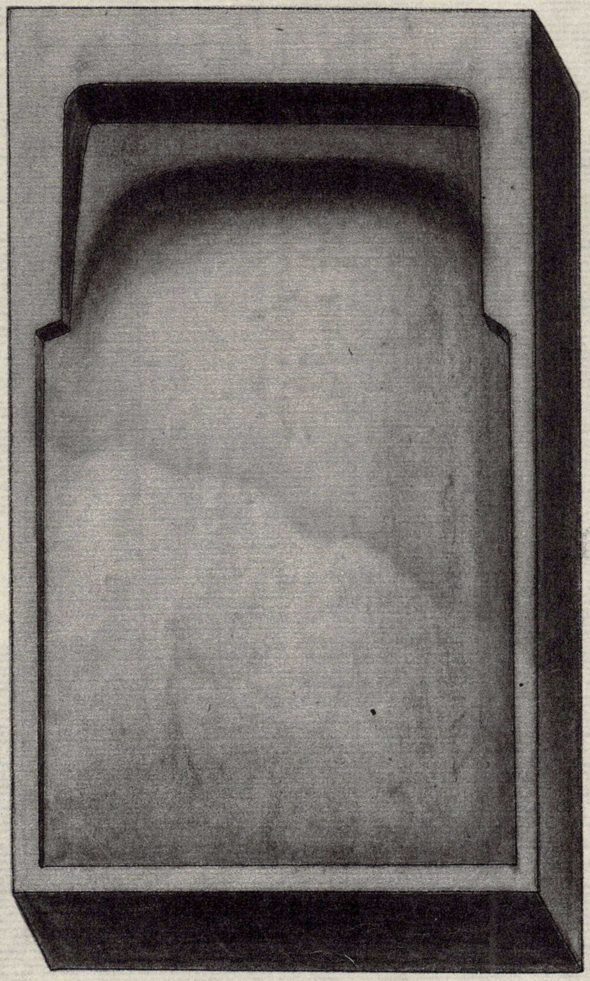

九

明項元汴缾硯說

硯高四寸寬二寸四分厚五分許歙溪石為之潤如烏玉光可以鑑硯面琢為瓶形上斂下濶製極朴雅墨池深二分許覆手上鐫墨林珍賞四字隸書下有項氏家藏方印一旁及下方俱有石脈剝落處匣蓋內鐫

御題銘一首行書鈐寶二曰幾暇怡情曰得佳趣

御製明項元汴瓶硯銘

朴而黝唯所受墨林之珎光我文囿

明項元汴東井硯正面圖

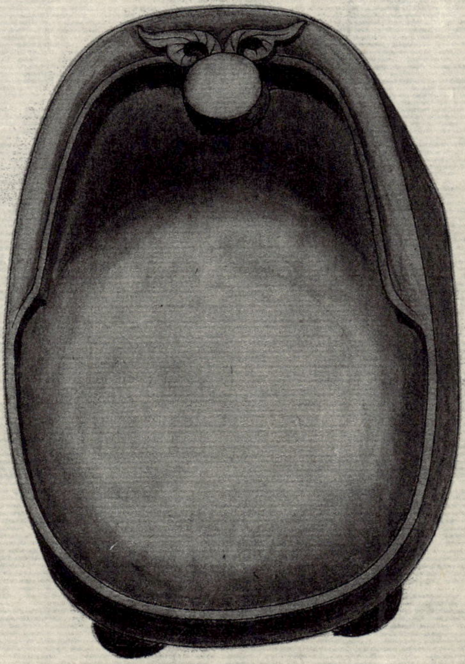

明項元汴東井硯說

硯高二寸九分上斂下哆中寬二寸厚五分端石細潤墨池上方有活眼一如月翼以慶雲硯背上方正中鐫東井二字隸書左鐫項墨林三字右鐫天籟閣三字俱楷書下為鳳足二離几二分許中鐫

御題詩一首楷書鈐寶一曰太璞匣蓋並鐫是詩隸書鈐寶二曰古香曰太璞是硯為明項元汴天籟閣

御製題明項元汴東井硯

項家東井猶餘硯豈是五星所聚曾閣亦山莊額天籟

殊其閒雅用非應

十四

明林春澤人瑞硯正面圖

繪圖十分之六

明林春澤人瑞硯右方側面圖

左右

十六

明林春澤人瑞硯説

硯高七寸一分寬四寸四分厚一寸二分有奇舊端石受墨處不勒邊廓上方刻雲龍頂有鸜鵒活眼一恰如龍之攫珠下鐫篆書為龍為光四字雲霄鐫(隸書)飛雲郎三字上下間以翡翠點三硯左側鐫楷書人瑞二字下有林春澤印印一右側斜帶黄龍文硯背覆手深一分中鐫隸書御題詩一首(隸書)鈐寶二曰幾暇怡情曰得佳趣并

御製題明林春澤人瑞硯

期頤把筆命龍賓傷識鐫存春澤真壽祝百年猶未[弗]足

此翁未識硯磨人

明楊明時子石科斗硯正面圖

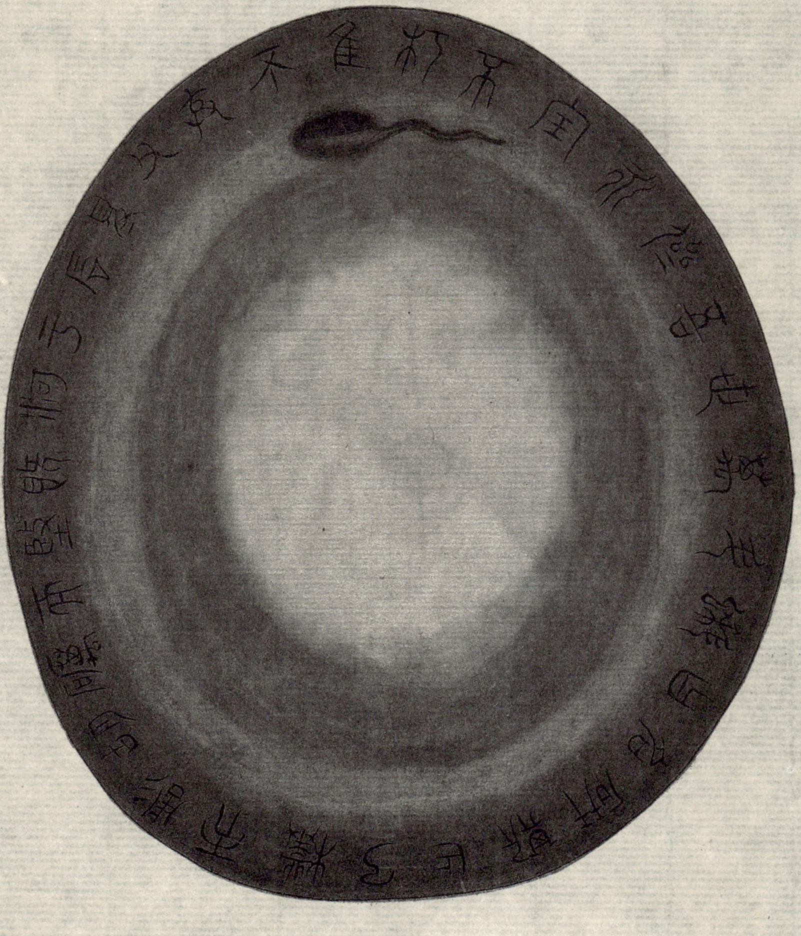

九

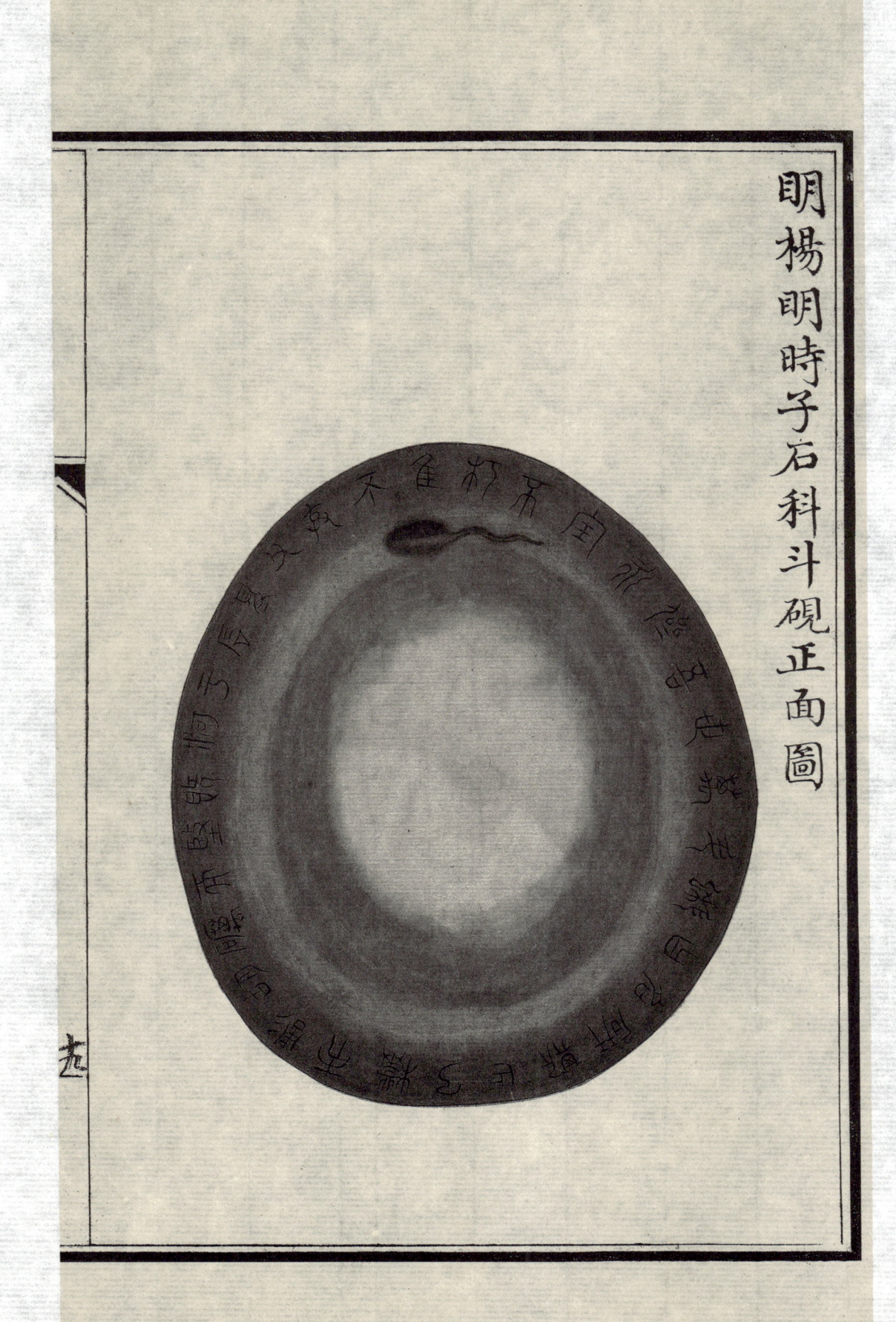

明楊明時子石科斗硯説

硯楕圓高四寸寬三寸五分中厚七分許邊少薄天然子石略加磨礲受墨處正平墨池作科斗形圍鐫明楊明時銘三十二字硯背正中鐫吉日庚午四字俱篆書下方微有剥蝕周鐫

御題詩一首楷書鈐寶一曰得佳趣匣蓋並鐫是詩隸書鈐寶一曰比德是硯色黝而堅潤質理頗似吳郡䕶村石製作彌復古樸考楊明時字不弃明神

御製題明楊明時子石科斗硯

不雕不琢適其初天作研池科斗如為告拈毫習字者須從此法悟權輿

明楊明時銘　惟不棄父得石于河既堅而礪胡彫彫而樸乃作斯硯名曰蝌斗萬世吾儕永寶不朽

明蒼雪菴鳳池硯側面圖

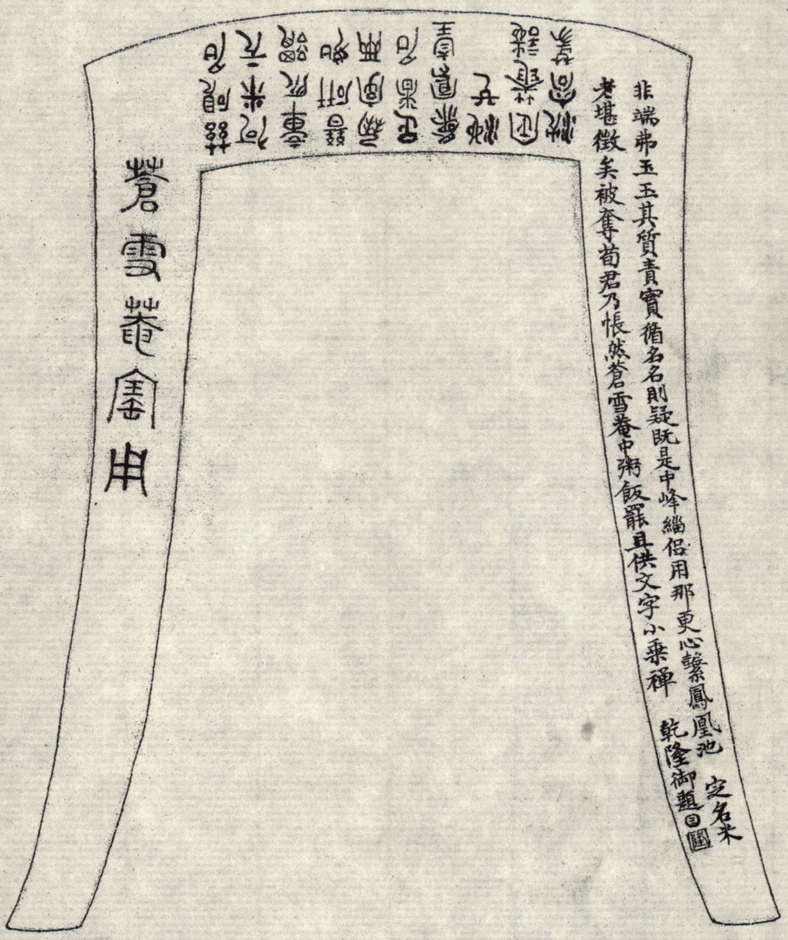
非端弗玉玉其質責實循名名則疑既是中峰緇侶用那更心繫鳳凰池　定名米
老堪徵矣被奪苗君乃悵然蒼雪菴中粥飯罷且供文字小乘禪
乾隆御題

書後有甲子春雲卿銘仲玉隸并刻十一字行書
下有真賞二字長方印一考明僧讀徹字蒼雪居
蘇州楞伽中峯是硯署蒼雪菴或即此僧鈕仲玉
字貞父號五浮山人吴江人莫雲卿初名是龍後
以字行定菴沈容俱無考是硯當係雲卿諸人所
製而經蒼雪僧收藏者石理瑰麗製作工雅當為
硯林奇品匣盖鐫
御題詩與硯同鈐寶二曰古香曰太璞

二十六

御製題朋蒼雪菴鳳池硯

非端弗玉玉其質青實循名名則疑既是中峯緇侶用那更心縈鳳凰池　定名米老堪徵矣被奪荀君乃悵然蒼雪菴中粥飯罷且供文字小乘禪

定菴誌語　茲硯名何米元章所謂晋研如鳳字兩足者名為鳳皇池也

朋莫雲卿銘　疑其石也何為龍之文疑其玉也何為魚之胑不欲落落不欲碌碌是將謂無名之

舊端石鳳池硯正面圖

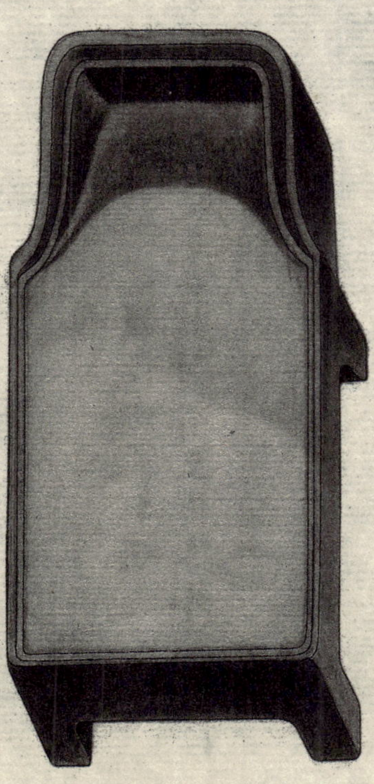

舊端石鳳池硯上方側面圖

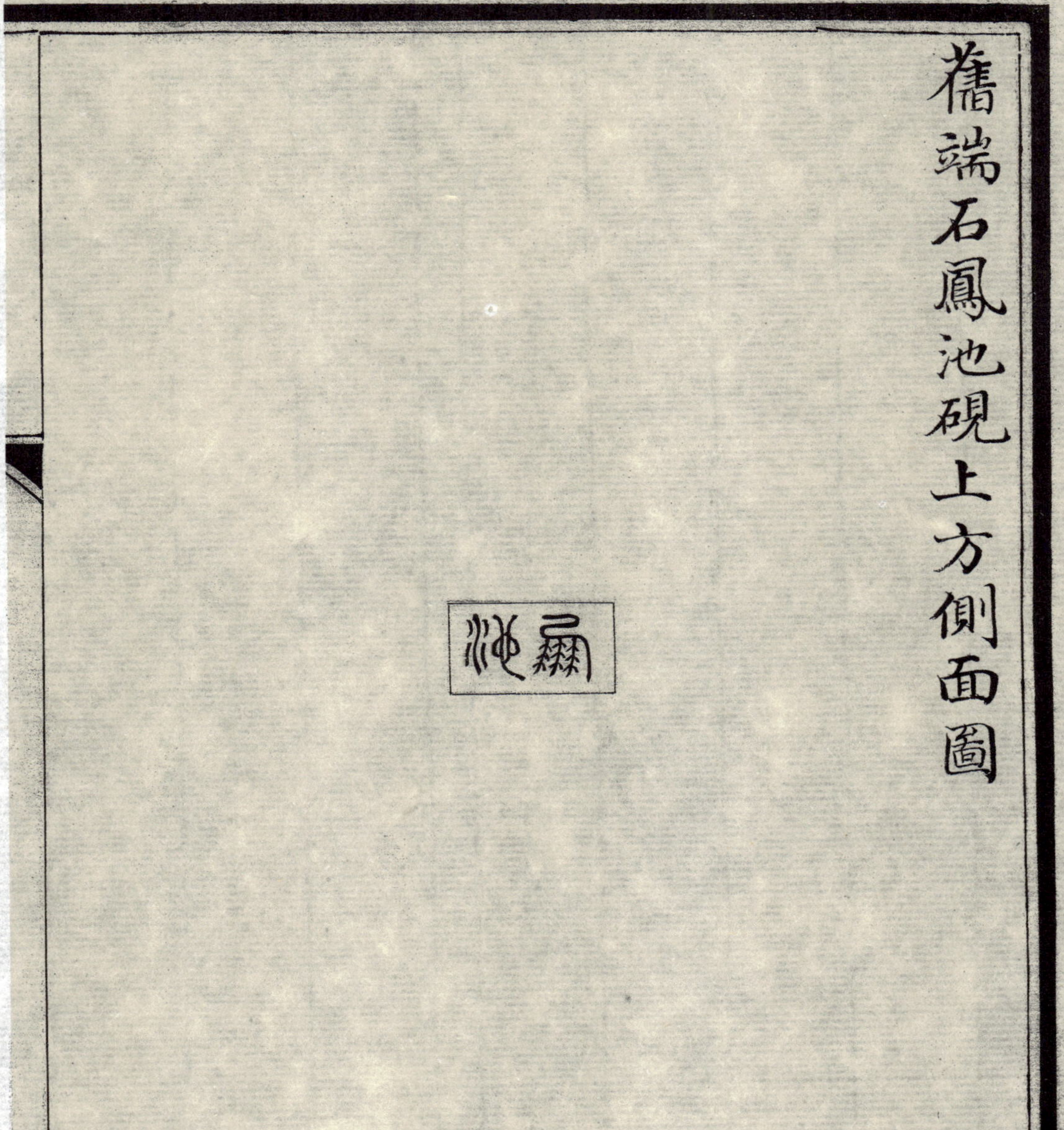

二十七

御製題舊端石鳳池硯

懷鉛一例提攜便小篆分明泐鳳池疑是早朝歸賈至從容吟得七言詩

舊端石雙龍硯正面圖

繪圖十分之六

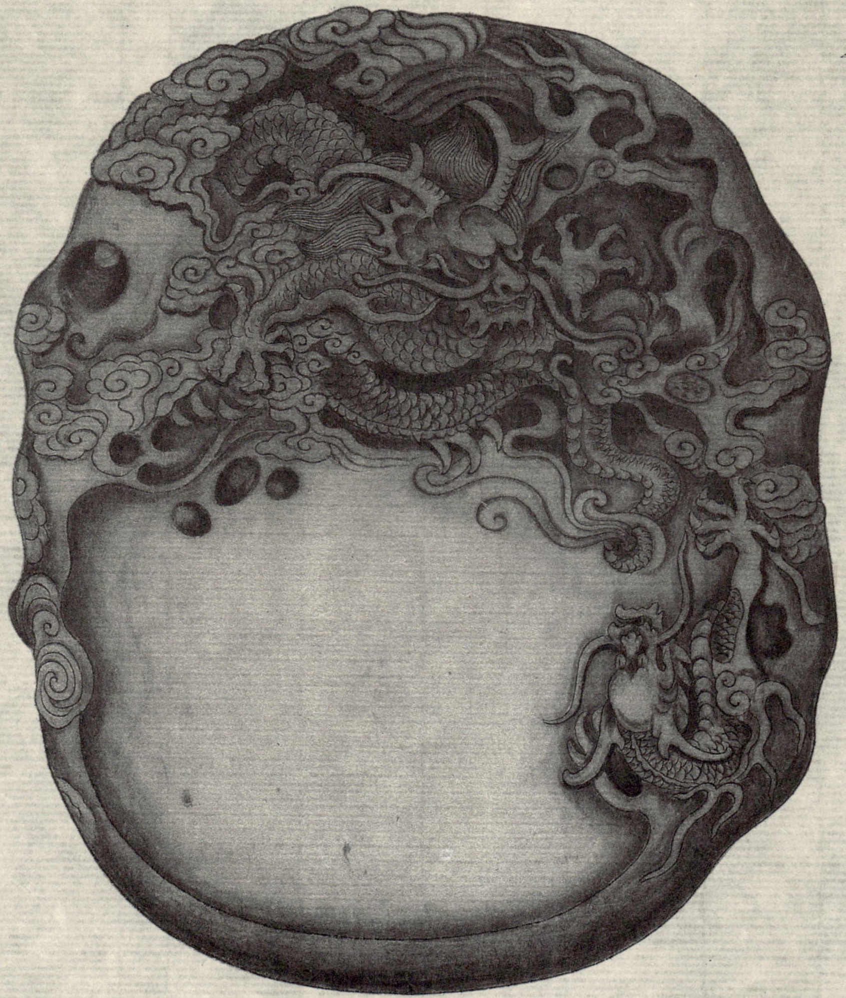

臣 延春閣

舊端石雙龍硯説

硯橢圓式高六寸五分寛五寸六分許厚一寸二分許舊坑端石面上方雕雲龍一嵌空拏攫空處水路暗通為墨池池之右雲空處内嵌金丱一圓如珠下雕小龍一僅現半身勢若相引左側鐫康熙十八年五月恭製九字并小臣劉源四字欵並隸書下有源字方印一硯背刻雲水蕩潏勢右方鐫

御題銘一首行書鈐寶二曰比德曰朗潤匣蓋外並鐫

三十

御製舊端石雙龍硯銘

維龍之德化不可為以彼消匀放乎天池君子是儀雲行雨施

宋蘇軾硯銘 石出西山之西北山之北戎以𧴩劍子以試墨劍止一夫敵墨以為萬世則吾以是知天下之才皆可以納諸聖賢之域

三十一

舊端石飲鹿硯側面圖一頁

舊端石飲鹿硯側面圖

乾隆甲午春月御題

三十三

御題詩一首楷書鈐寶二曰古香曰太璞匣蓋並鐫是
詩鈐寶一曰乾隆宸翰（亦楷書）

御製題舊端石飲鹿硯

端溪巖石種尚有礦金存體具剛柔質光涵雷電翻神
龍誰割霧玉兎昔朝元琢作飲泉鹿天池即此源

第十六冊

舊端石海天浴日硯正面圖

繪圖十分之八

乾寧壽古

每册皆如此

欽定西清硯譜目錄

○第十六冊○

石之屬

○○舊端石海天浴日硯 寧壽宮

○○舊端石太極硯 淳化軒

舊端溪子石五明硯 秀清村

舊端石弦文硯 瀛臺

舊端石折波硯 淳化軒

舊端石海天浴日硯側面圖

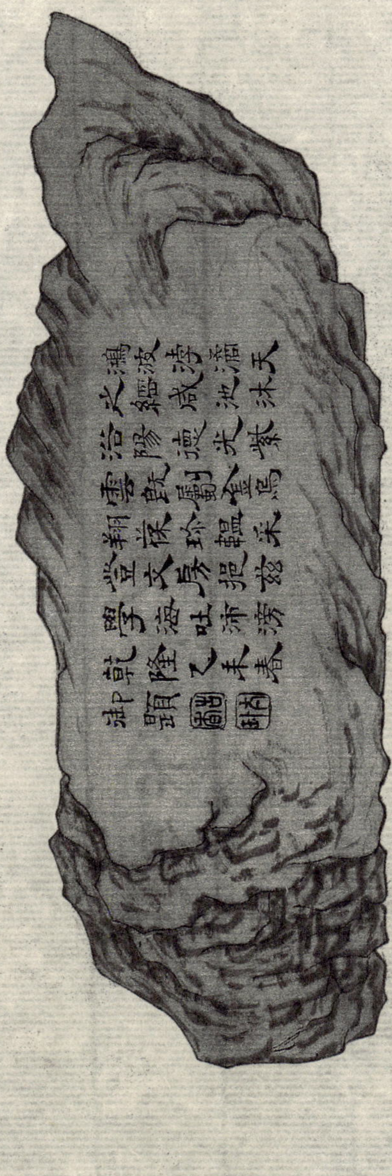

篆書下鐫

御題銘與硯同鈐寶二曰會心不遠曰德充符内鐫寶

一曰乾隆御玩

三

御製舊端石海天浴日硯銘

鴻波滓滴天之綱咸池沐浴陽德光紫雲既劚金烏翔

葆珍韞彩登文房挹茲學海吐沛滂

舊端石太極硯正面圖 繪圖十分之六

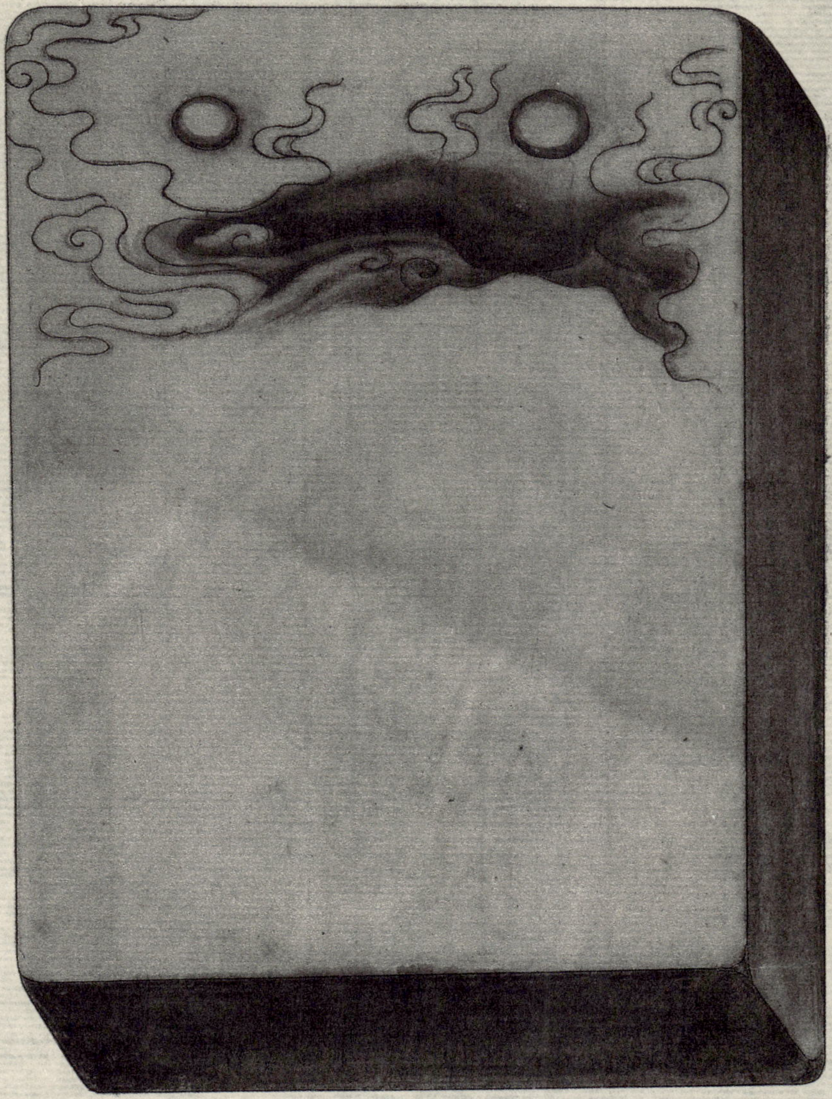

五

舊端石太極硯左方側面圖

太極初無物兩儀胥是生名詮著茂叔妙義寓
陶泓高眼墨池表方城石理兼不愁真硯壞玉
局語尤精

乾隆乙未孟春月御題

一寸八分下刻太極圖一徑四寸三分雖無款識
而形制渾璞當爲數百年前物

七

御製題舊端石太極硯

太極初無物兩儀有是生名詮著茂叔妙義寓陶泓高眼墨池表方城石理庚不愁真研壞玉局語尤精

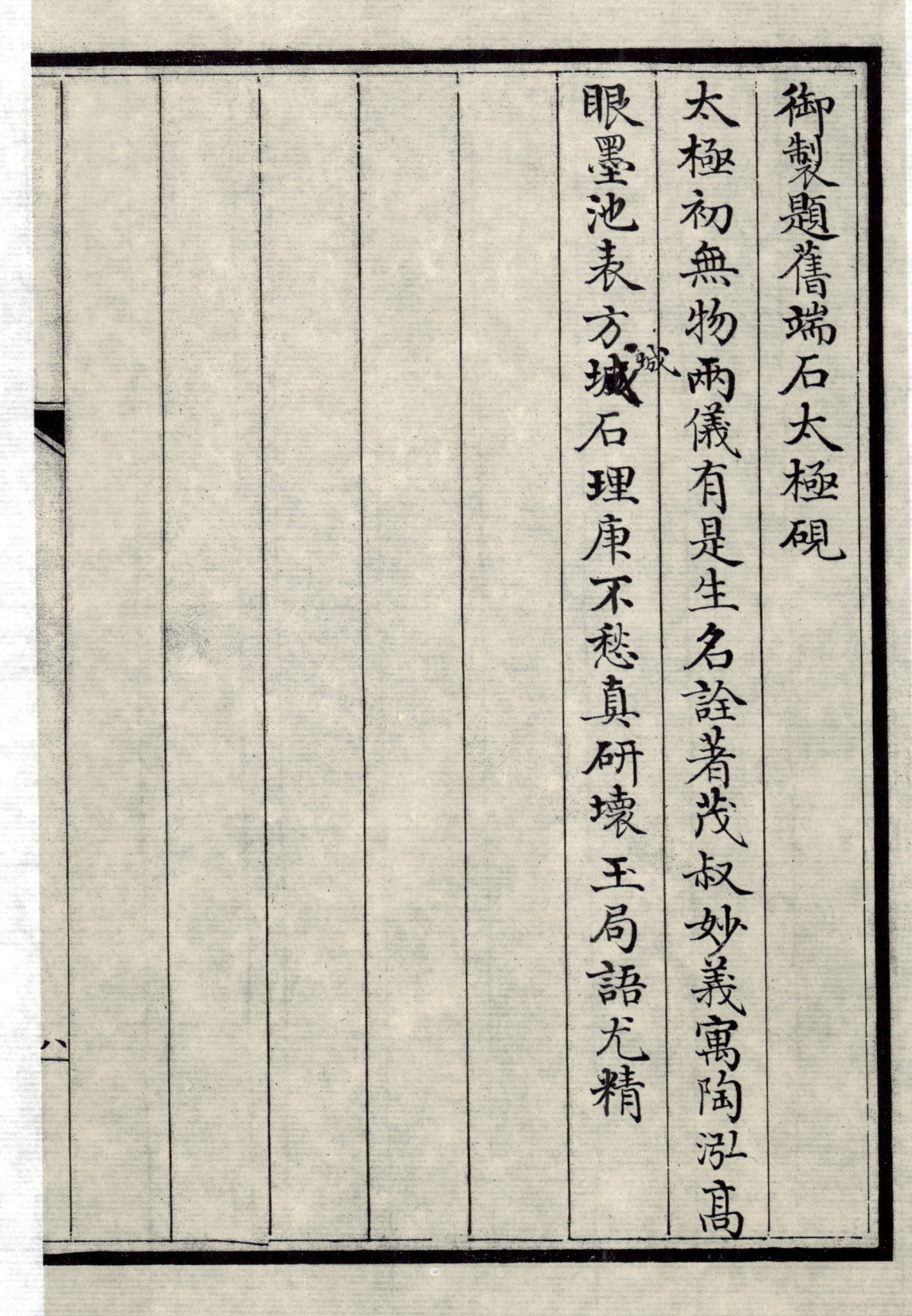

舊端溪子石五明硯正面圖

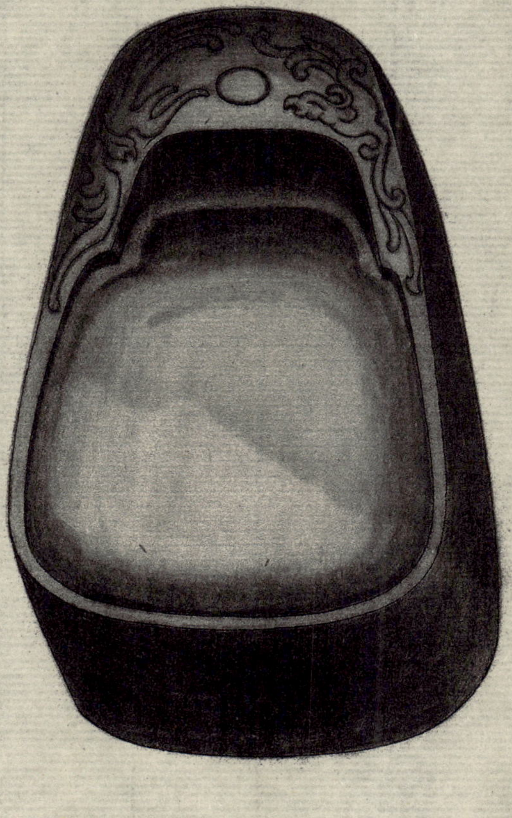

九

舊端溪子石五明硯下方側面圖

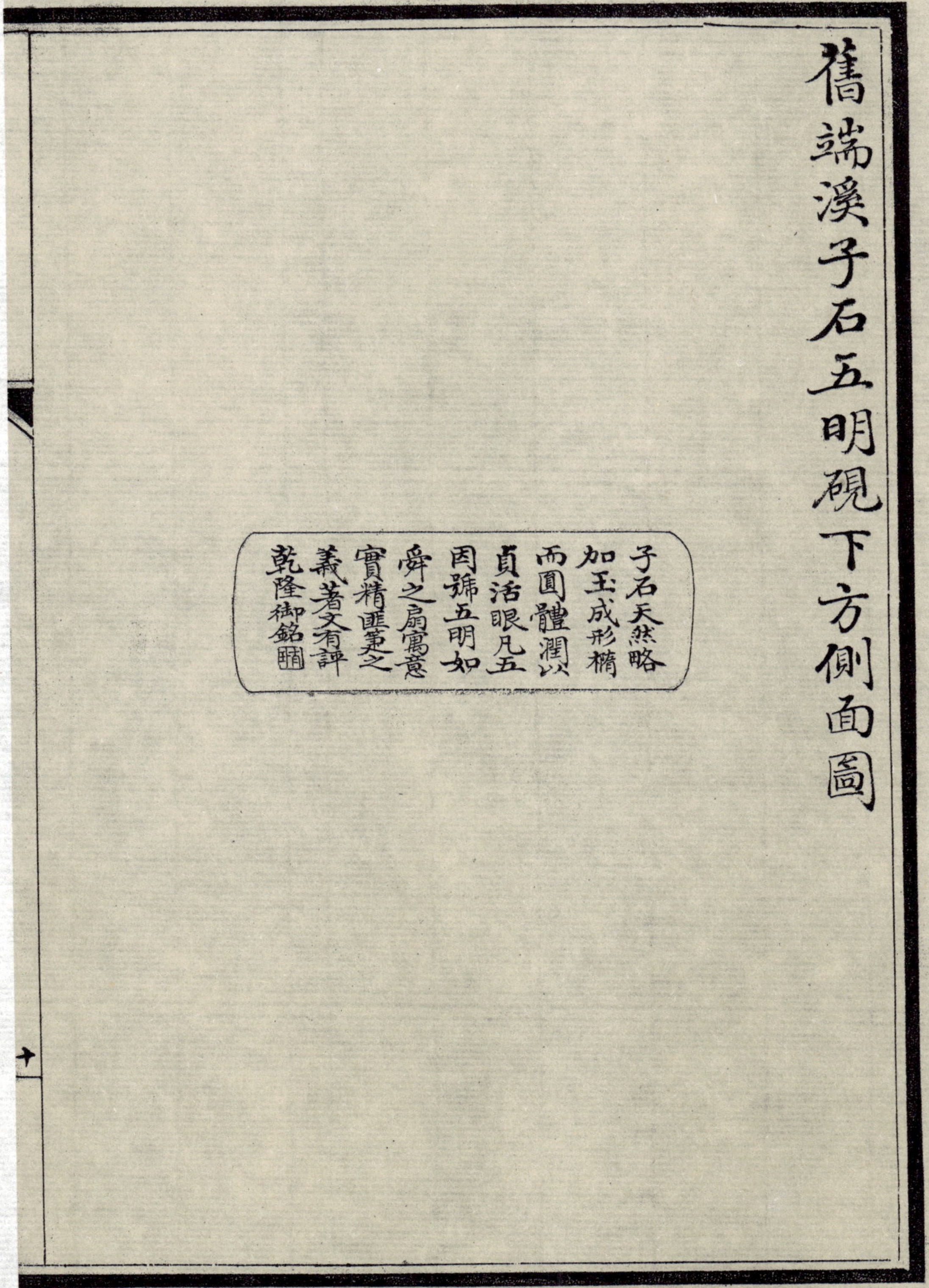
子石天然略
加玉成形橢
而圓體潤以
貞活眼凡五
因號五明如
舜之扇寓意
實精匪第之
義著文有評
乾隆御銘

御製舊端溪子石五明硯銘

子石天然略加玉成形楕而圓體潤以貞活眼凡五因號五明如舜之扇寓意實精匪箑之義著文有評

十一

舊端石弦紋硯正面圖 繪圖十分之六

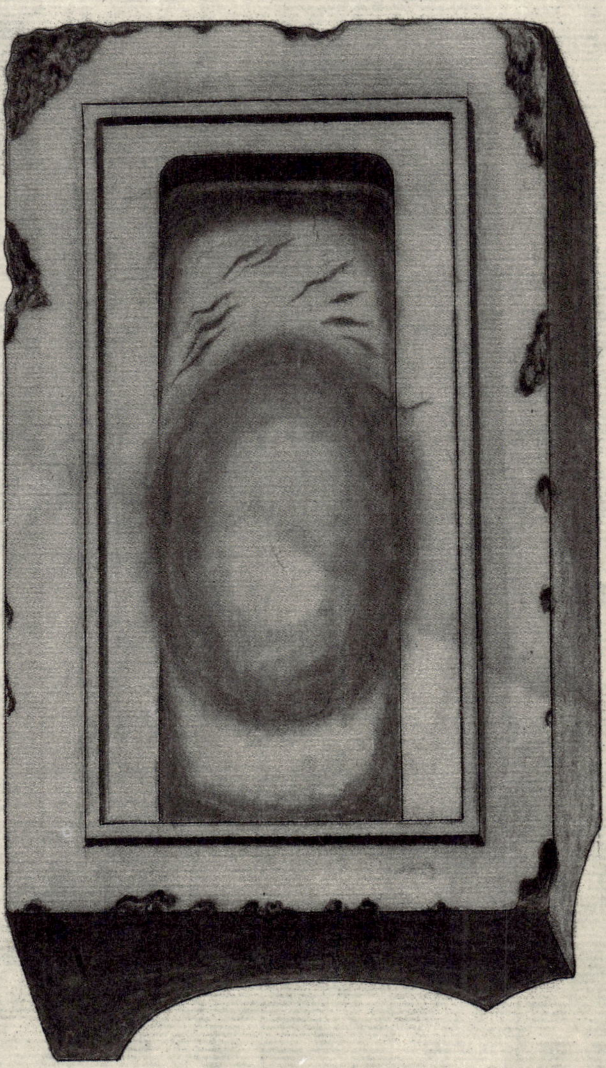

十二

舊端石弦文硯上方側面圖

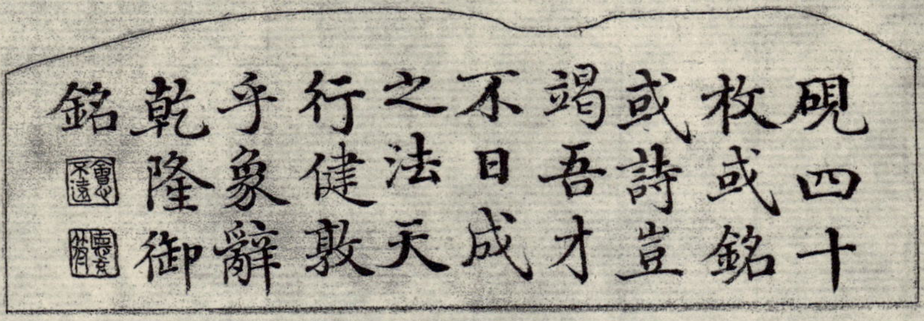

睿鑒題詠者已得一百五十餘方續又得硯四十枚
皇上親御丹毫或銘或詩不六日而題識已徧是硯蓋
其卒章而於
法
天行健之旨復三致意焉臣等敬瞻
睿藻仰見我
皇上大文彌耀日進無疆盥手雒誦榮慶蓋百倍尋常
云

御製舊端石弦文硯銘

硯四十枚或銘或詩豈竭吾才不日成之法天行健敦乎象辭

十五

舊端石折波硯說

硯高三寸二分寬二寸二分厚四分舊端溪下岩石受墨處火捺下斜吐蕉白硯邊周刻帶紋三重

硯背鐫折波二字隸書匣盖鐫

御題銘一首隸書鈐寶二曰德充符曰幾暇怡情匣盖內鐫寶二曰乾隆

十七

舊端石折波硯正面圖

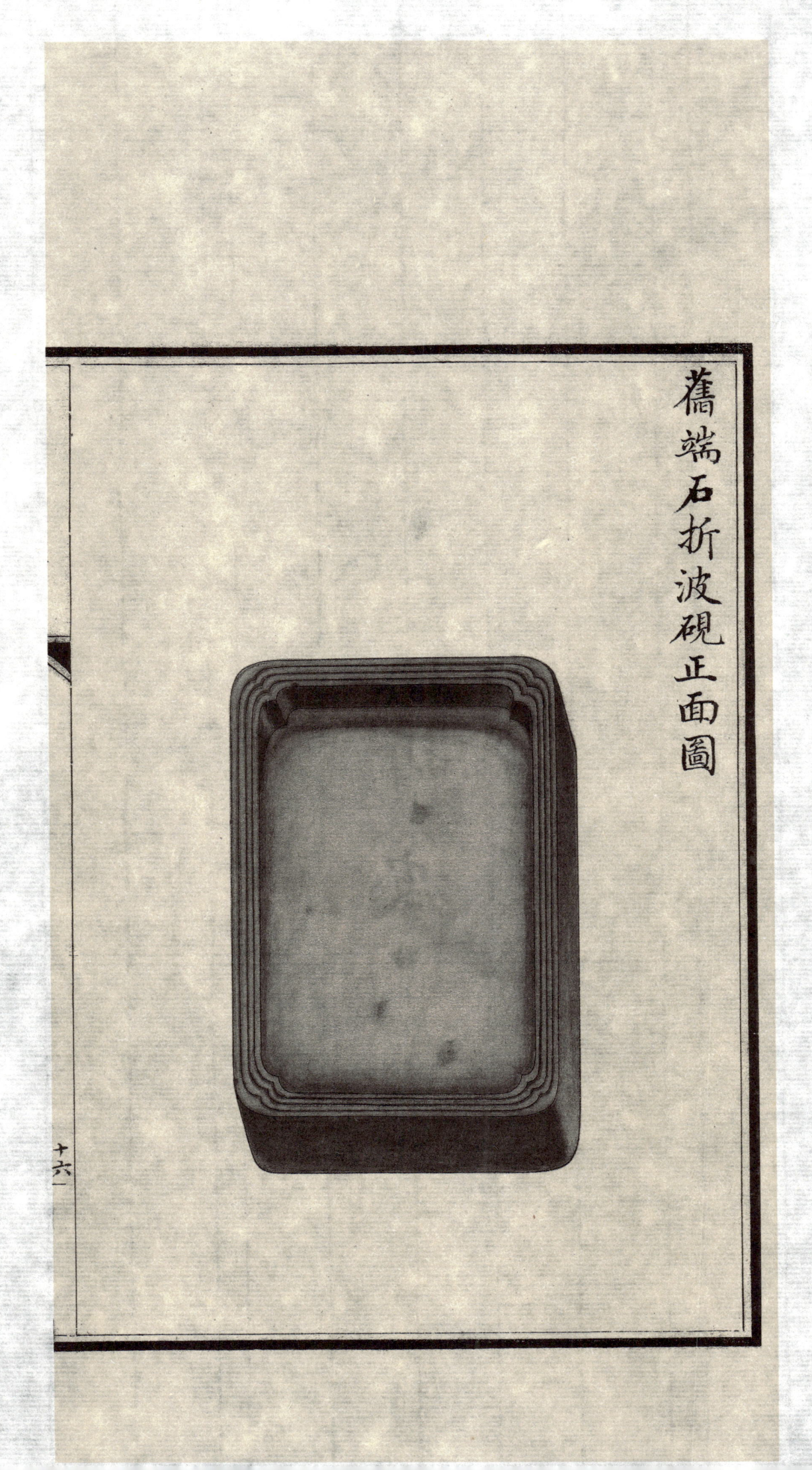

御製題舊端石折波硯銘

孕玉水清且泚墨池中矩彰厥美

十八

舊端石九子硯正面圖 繪圖十分之六

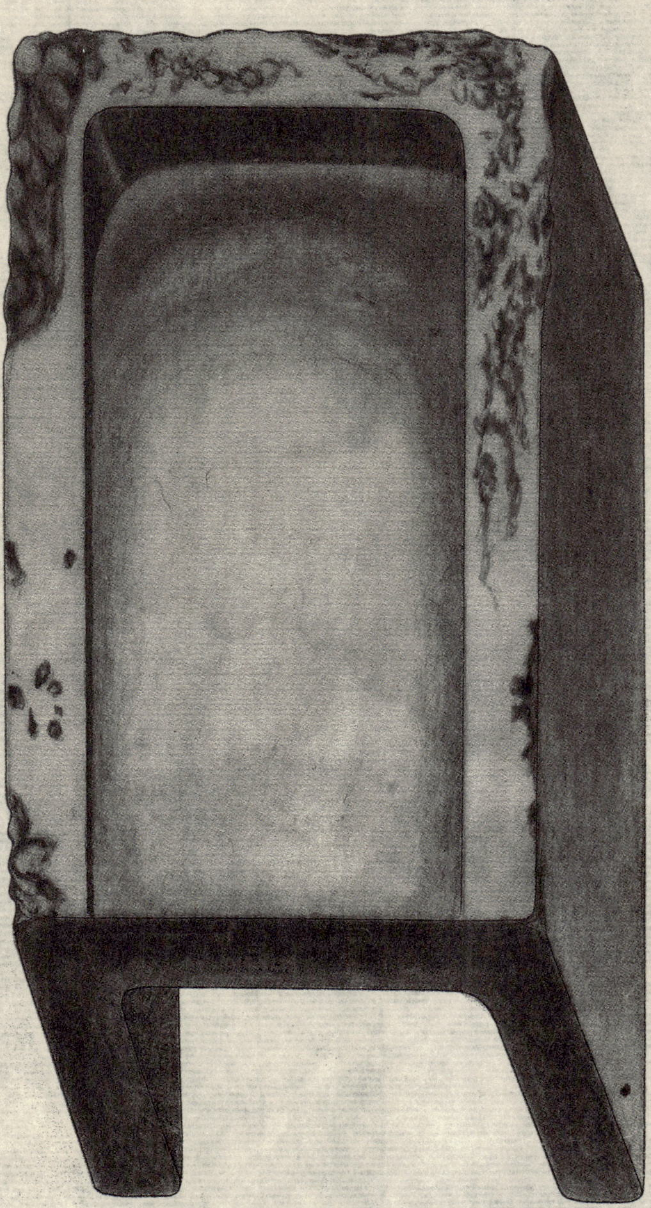

十九

舊端石九子硯側面圖（右方）

端溪之淵腴剖紫兮鴝眼
斯浩暈秋水兮如承如垂
森九子兮溯原聚奎文明
啓兮　乾隆御題

二十

御製舊端石九子硯銘

端溪之淵腴剖紫兮鴝眼斯活暈秋水兮如承如垂森

九子兮溯原聚奎文明啓兮

二十一

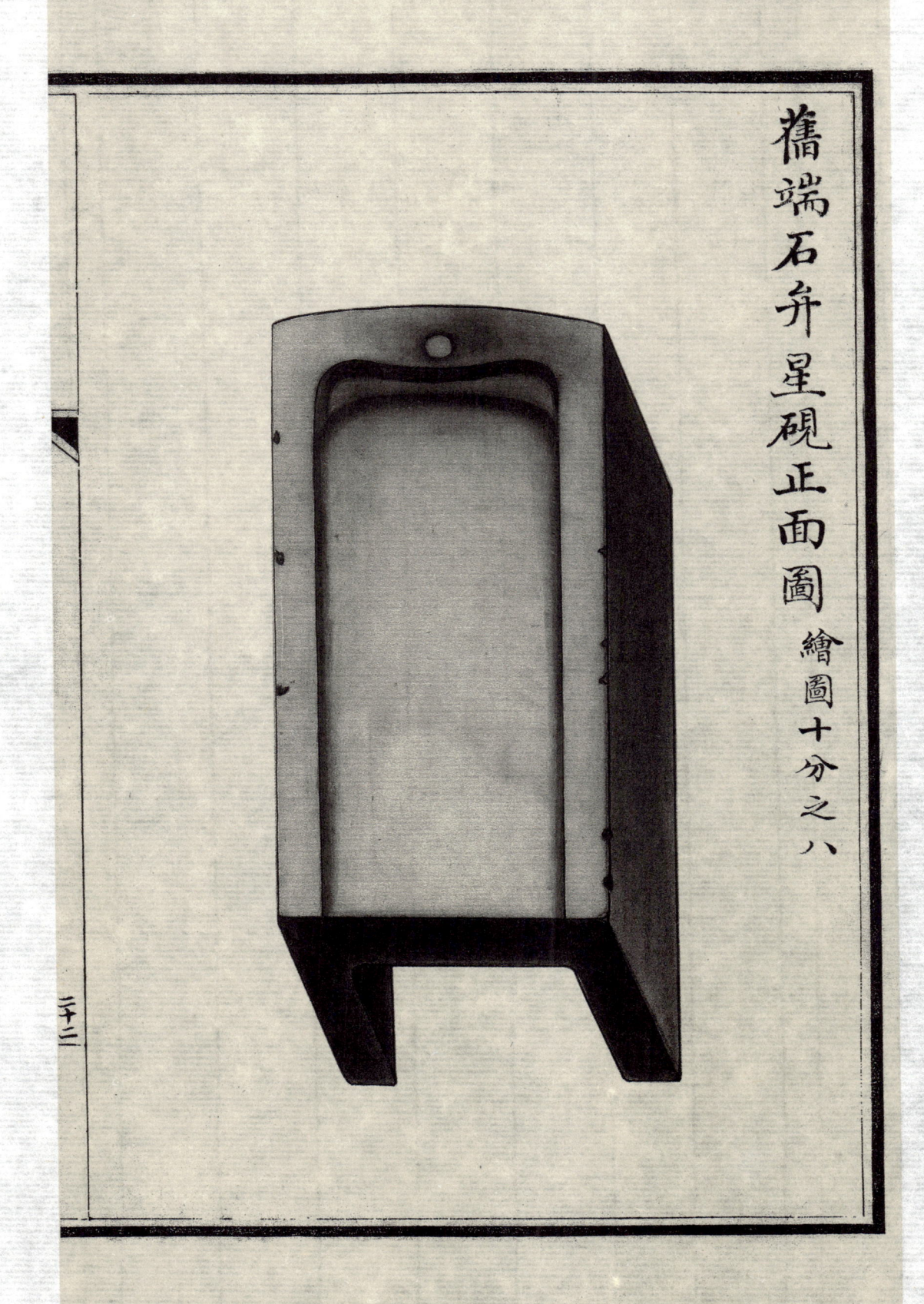

舊端石弁星硯正面圖

繪圖十分之八

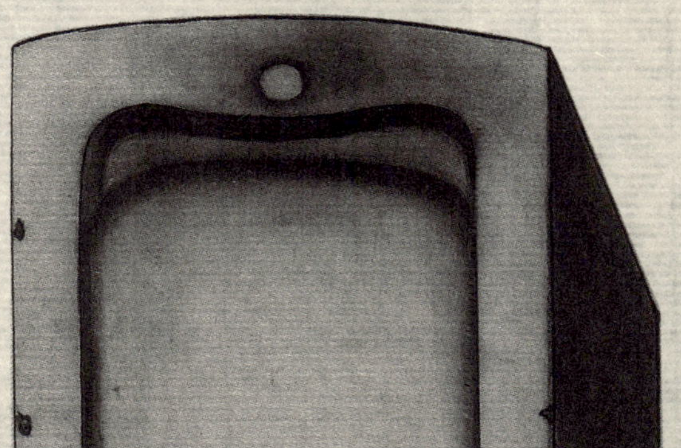

舊端石弁星硯上方側面圖

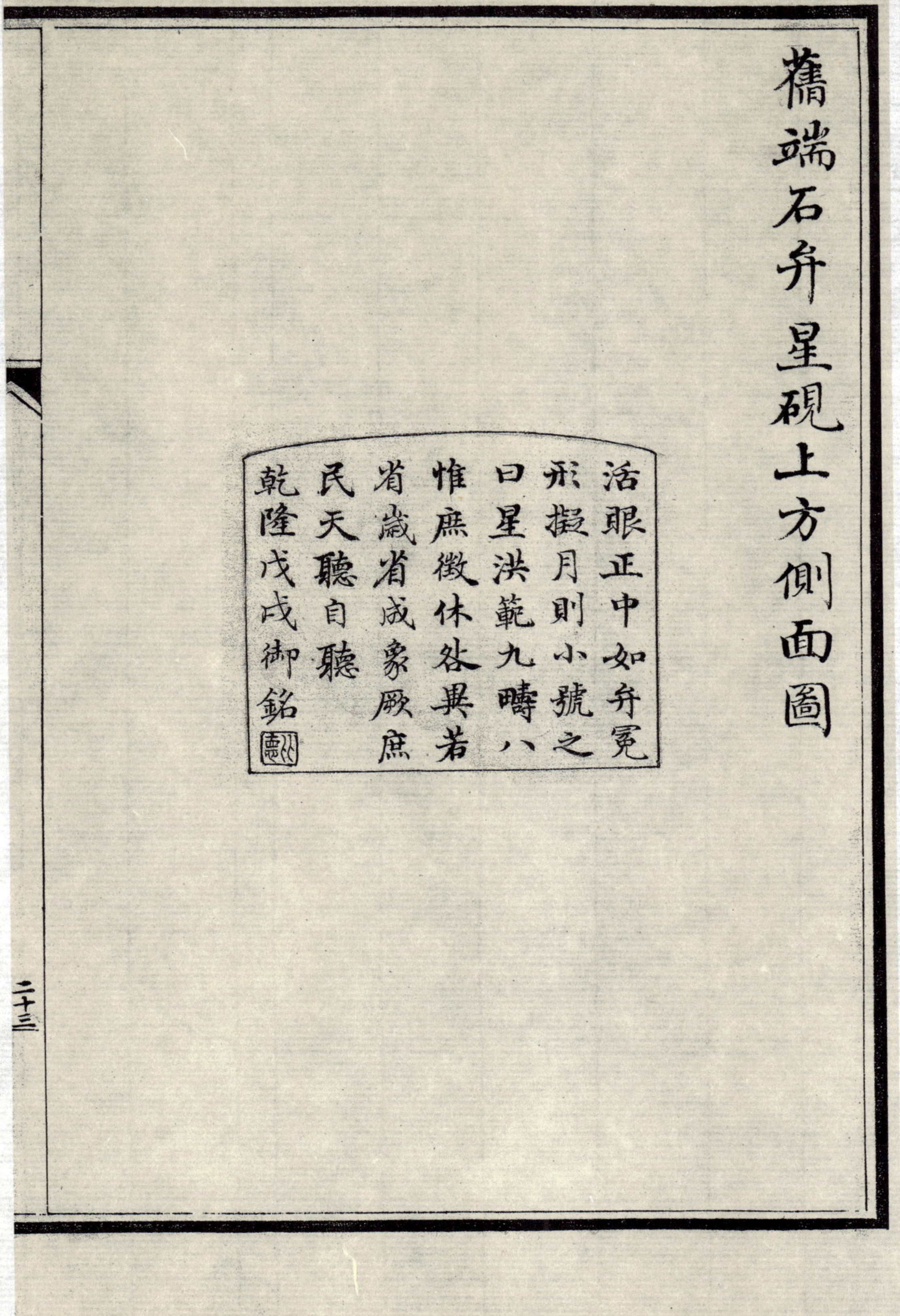

二十三

舊端石弁星硯説

硯高四寸五分寬二寸四分厚二寸老坑端石色淡而澤側理爲之墨池上正中活眼一如弁之會星左側面銘十三字下有伯起銘三字款俱篆書覆手從上削下兩跗離几一寸五分許上方側面

鐫

御題銘一首楷書鈐寶一曰比德匣蓋並鐫是銘隸書鈐寶二曰比德曰朗潤考書畫譜明張鳳翼字伯

二十四

御製舊端石井星硯銘

活眼正中如井冕形擬月則小號之曰星洪範九疇八

惟庶徵休咎異若肖歲肖成象厥庶民天聽自聽

明張鳳翼銘

歲癸丑端之麓持此石歸愧孝肅

二十五

舊端石荷葉硯正面圖

繪圖十分之六

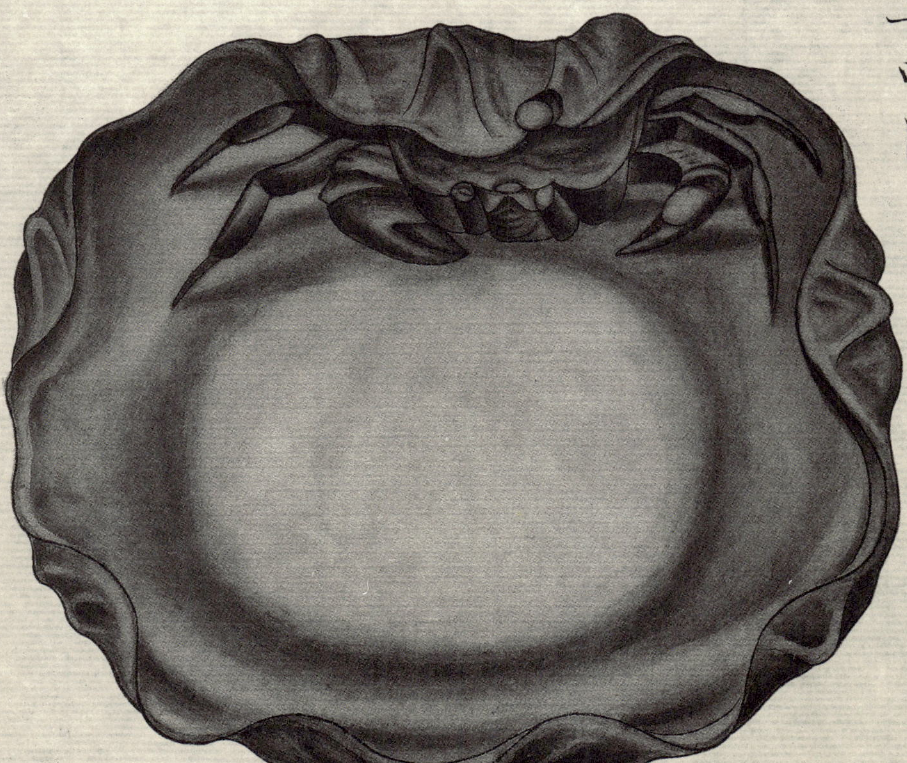

二十六

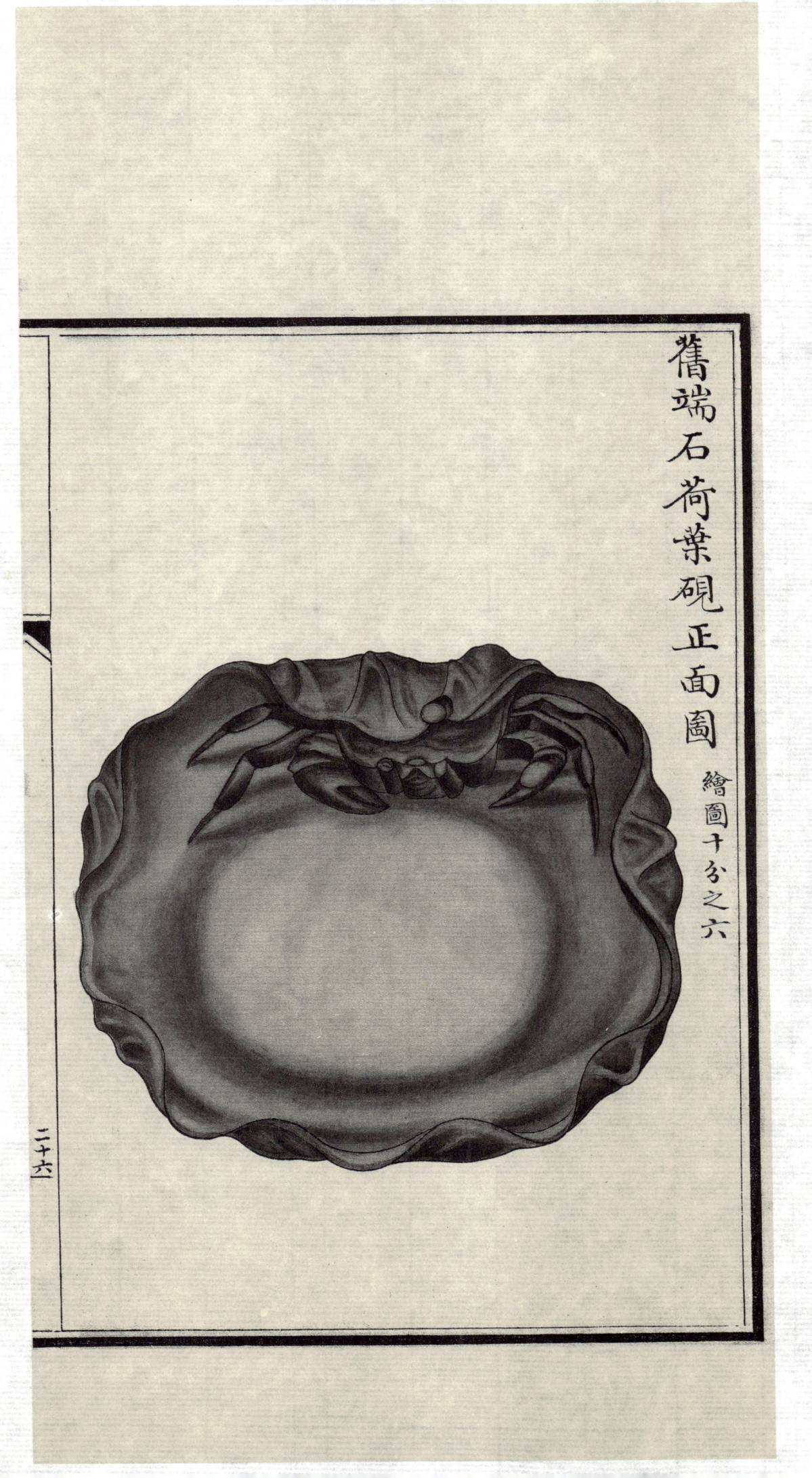

舊端石荷葉硯說

硯圓而扁高六寸二分寬六寸六分厚六分許舊坑端石色紫而黑琢為荷葉形仰而邊捲中受墨處微凸周為墨池上方刻作蟹葉邊半捲雙螯四跪致極生動硯背刻作荷葉蒂上方著几而下穹起筋絲宛然下有螺螄二為足承之葉筋中平處環鐫

御題銘一首楷書鈐寶二曰比徳曰朗潤匣蓋並鐫是

御製舊端石荷葉硯銘

石本堅荷則脆劑柔剛琢硯器論其初原一致石溪出荷水植忽肖形成葉翠蝌與螺葉間戲荷易凋石久寄變柔晦為剛利如露盤承露墜突漢宮無銅氣有識哉作者意

二十八

舊端石蟬硯正面圖

繪圖十分之七

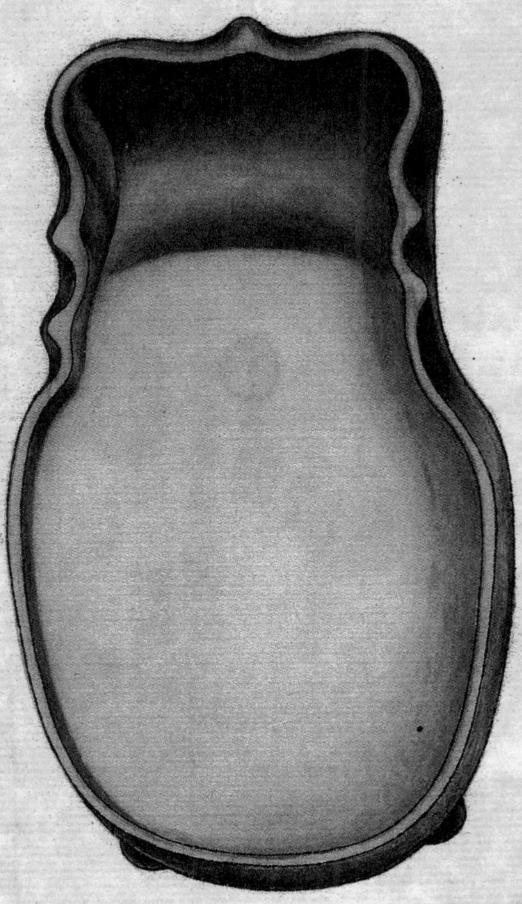

舊端石蟬硯説

硯高四寸首寬一寸八分中寬二寸四分下微斂厚六分許老坑端石色黝理細面微凹池極深廣首斂而腹豐略似蟬形硯背上方著几處少平下有二足中穹起處鐫

御題詩一首楷書鈐寶二曰比徳曰朗潤匣蓋並鐫是詩隷書鈐寶同

三十

御製題舊端石蟬硯

隨材斲作樹蟬秋滴露研松鳴欲流沈響待題誰似駱無言常懼或同劉

舊端石饕餮夔紋硯正面圖

繪圖十分之七

舊端石饕餮夔紋硯上方側面圖

鑄饕餮於罇
罍古之常也
戒飲食以貪
饀喻從方也
誰用之以刻
硯義可詳也
每竊人以炫
己文之殃也
茲蓋取以警
茲其味長也
讀昌黎之佳
作未可忘也
乾隆戊戌夏
御銘

銘隸書鈐寶二曰乾隆

三十四

御製舊端石饕餮夔紋硯銘

鑄饕餮於鐏罍古之常也戒飲食以貪饞喻從方也誰用之以刻硯義可詳也每竊人以炫己文之殃也兹蓋取以警兹其味長也讀昌黎之佳作未可忘也

三十五

欽定西清硯譜

明楊明時子石科斗硯

明蒼雪菴鳳池硯

舊端石鳳池硯 養心殿

舊端石雙龍硯 延春閣

舊端石飲鹿硯 千秋亭

欽定西清硯譜

明文徵明瑑玉硯背面圖

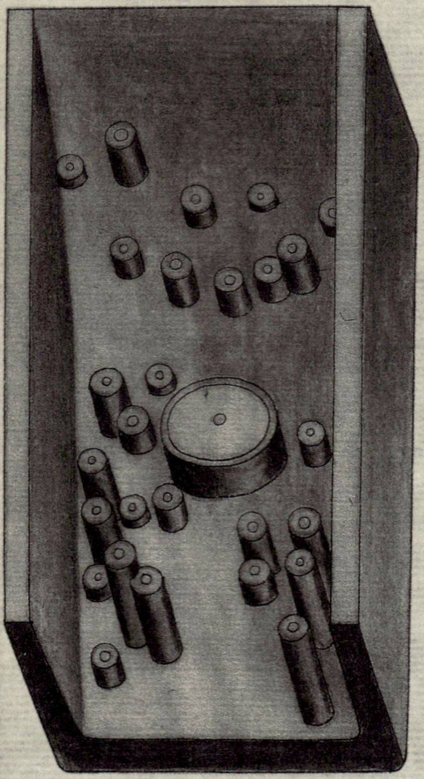

明文徵明球玉硯説

硯高三寸寬一寸七分許厚八分舊端石為之墨池内石柱三各有眼上方側鐫

御題詩一首楷書鈐寶二曰古香曰太璞左側鐫明文徵明銘十四字行書署衡山二字款下有衡山二字方印一右側鐫球玉二字篆書署而章識三字款楷書下有而章二字方印一覆手石柱二十有八參差疎密相間各有活眼一如列宿經天考衡

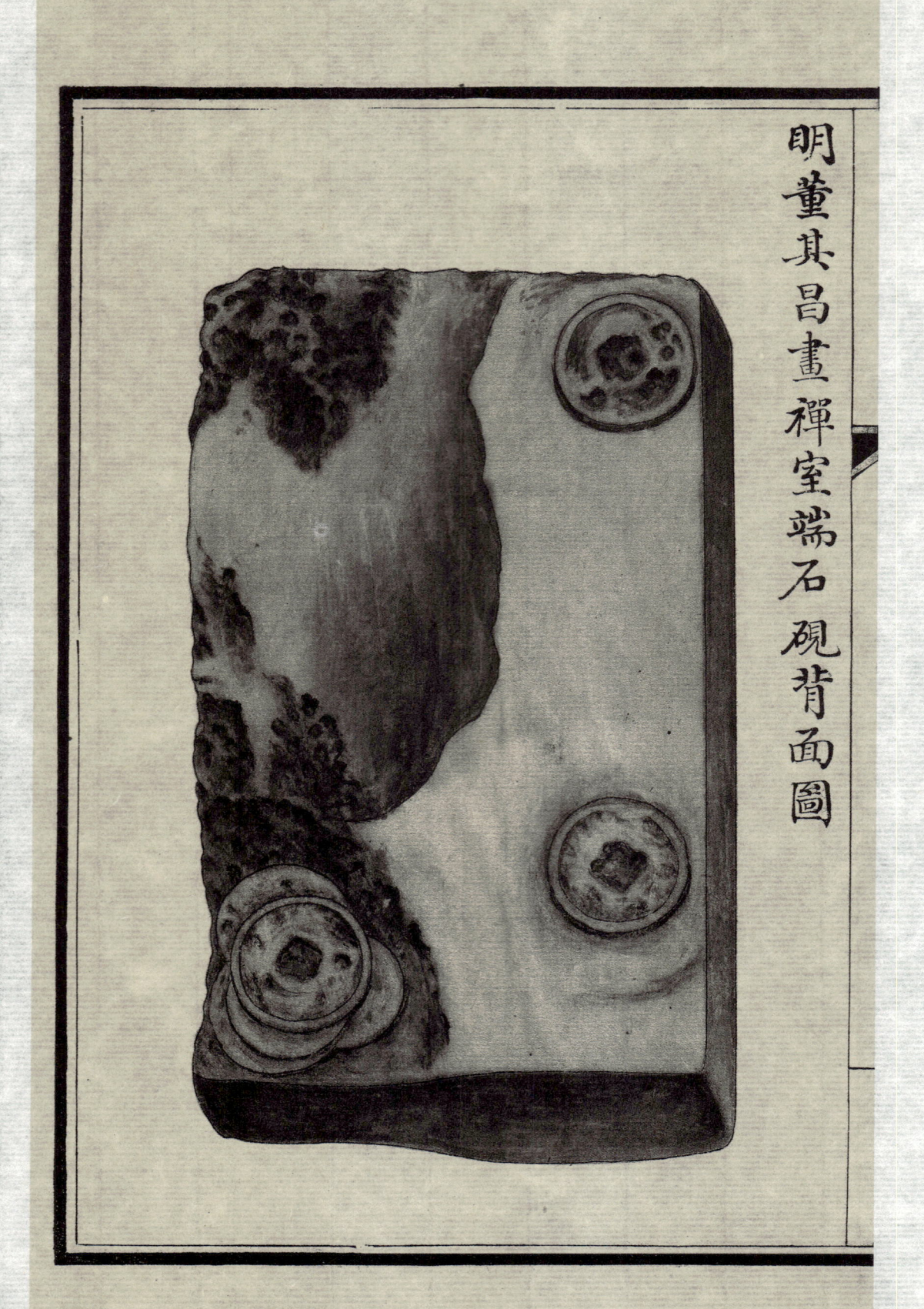

明董其昌畫禪室端石硯背面圖

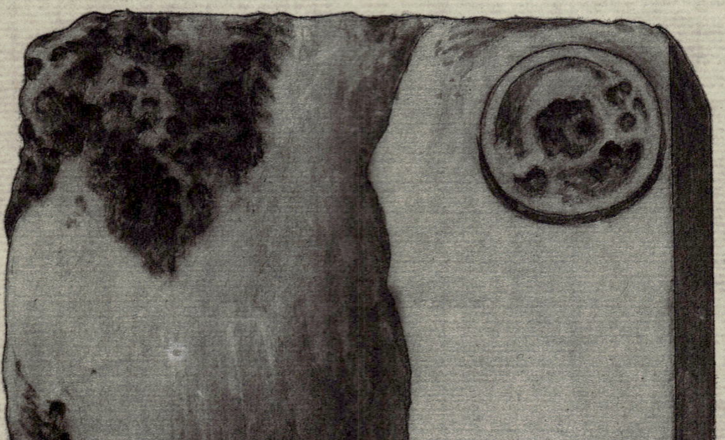

明董其昌畫禪室端石硯說

硯高五寸寬三寸厚七分許舊坑端石質紫而潤硯面受墨處琢為瓶形瓶口為池四周俱帶黃膘天然不加礱治左側鐫

御題詩一首楷書鈐寶二曰古香（比德）曰太璞（朗潤）右側鐫畫禪室三字篆書硯背左上方半露石質有鱔血斑右及下方遍裹青綠粘五銖錢共七枚當是入土年久融結而成者考明董其昌嘗自署其齋曰畫禪

明項元汴鉼硯背面圖

明項元汴東井硯背面圖

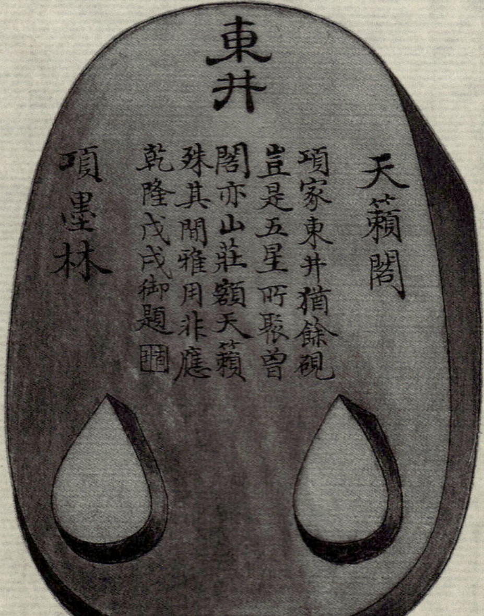
東井
天籟閣
項家東井猶餘硯
豈是五星所聚曽
閣亦山莊額天籟
殊其閒雅用非癡
乾隆戊戌御題
項墨林

中物亦鳳池式似仿東坡東井硯爲之而規制彌
小洵小品中之精者

明林春澤人瑞硯背面圖

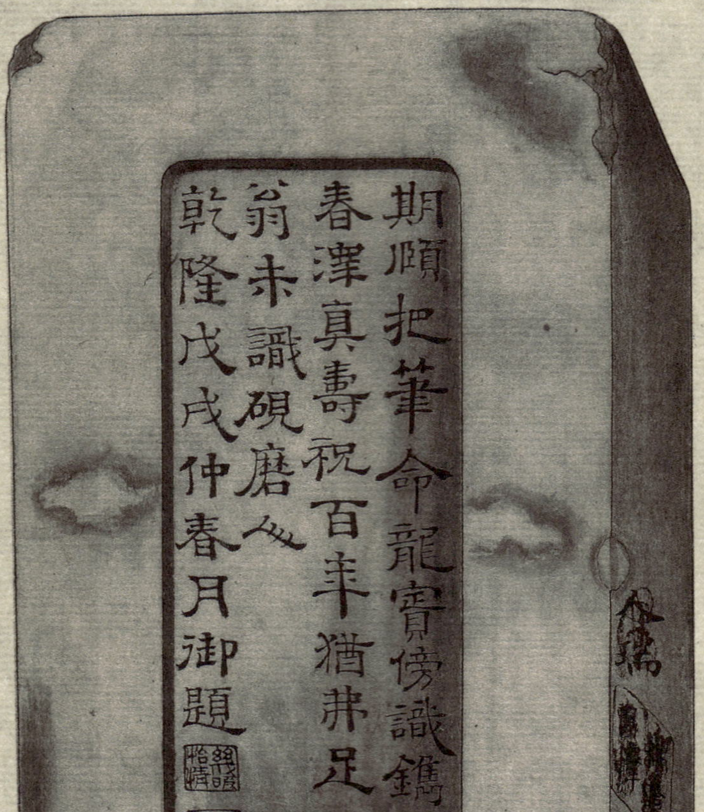

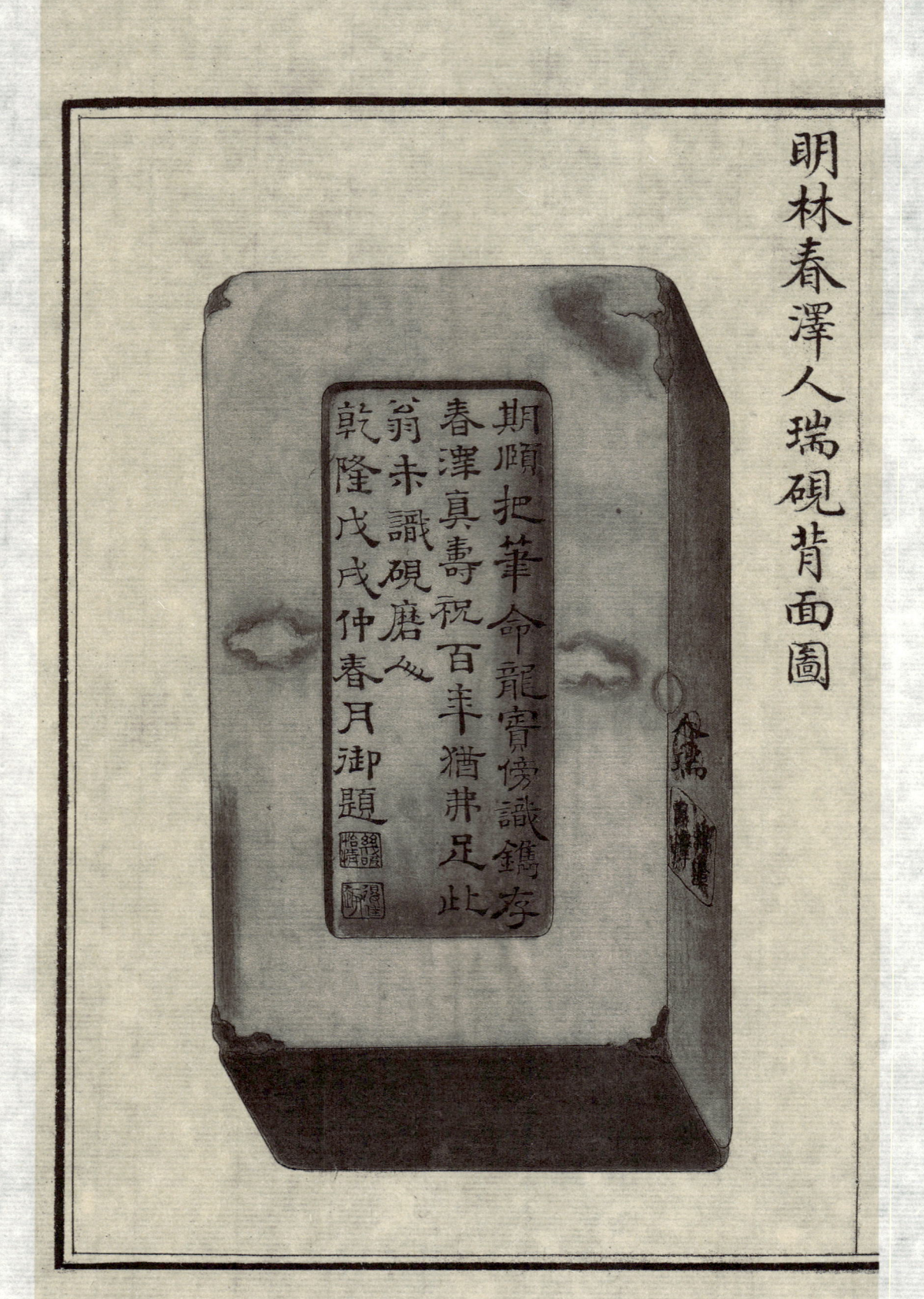

此處接寫説

明林春澤人瑞硯背面圖

鐫匣蓋并鐫是詩隸書鈐寶二曰乾隆考明林春澤候官人官太守壽躋百歲以上著有人瑞翁集是硯蓋其所寶藏也

明楊明時子石科斗硯背面圖

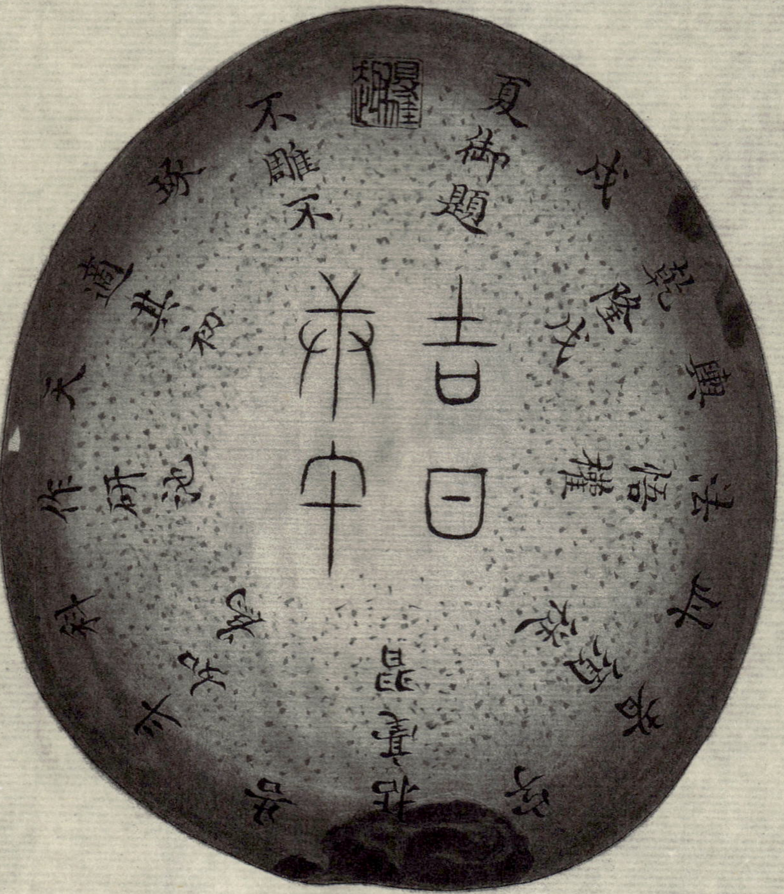

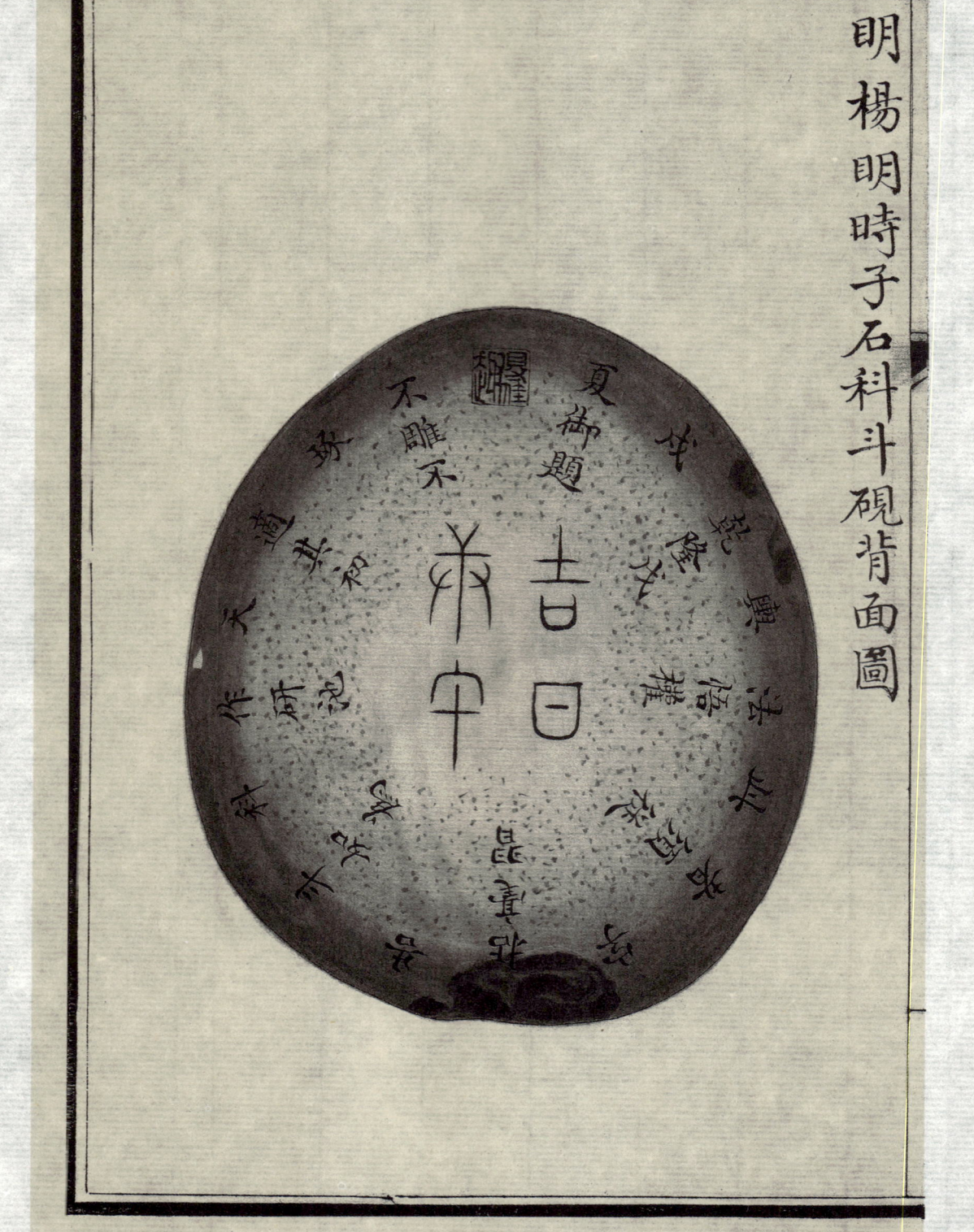

宗時人明吳廷所刻餘清齋法帖載不弃跋語甚
夥銘為其所作當亦博雅好古之士硯背吉日庚
午四字或借經語以識其得石之日耳

明蒼雪菴鳳池硯説

硯高四寸五分上寬二寸五分下寬三寸許中微歛為鳳池式厚八分花班瑪瑙石為之色黄緑相間温潤如玉硯面斜入墨池池深五分許左側鐫蒼雪菴寶用五字篆書右側鐫御題詩二首楷書鈐寶二曰乾隆上方側鐫識語二十三字末有定菴誌沈容篆六字俱篆書硯背自上削下為鳳足二離几二分許中鐫銘三十三字隸

璞

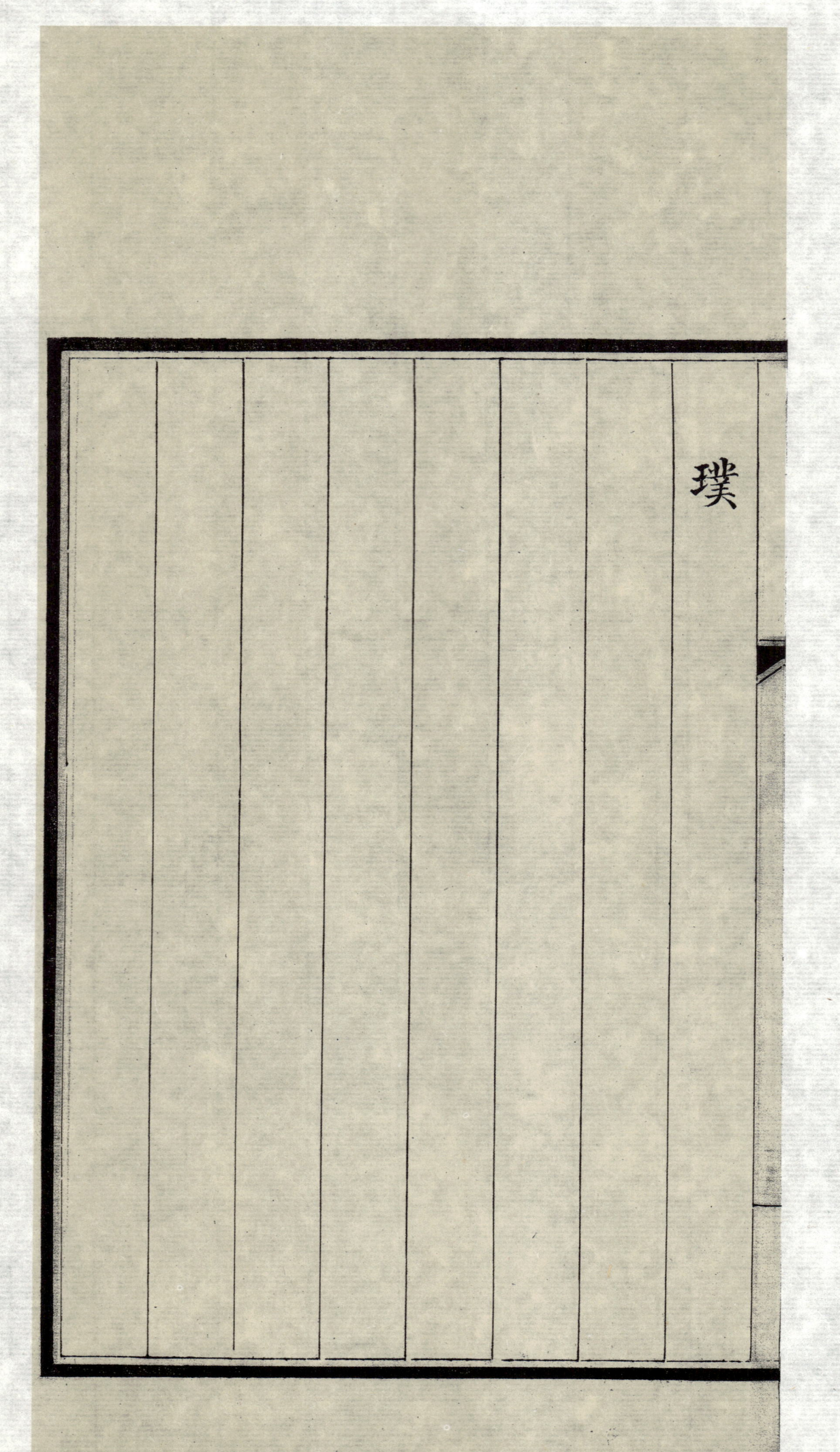

舊端石鳳池硯背面圖

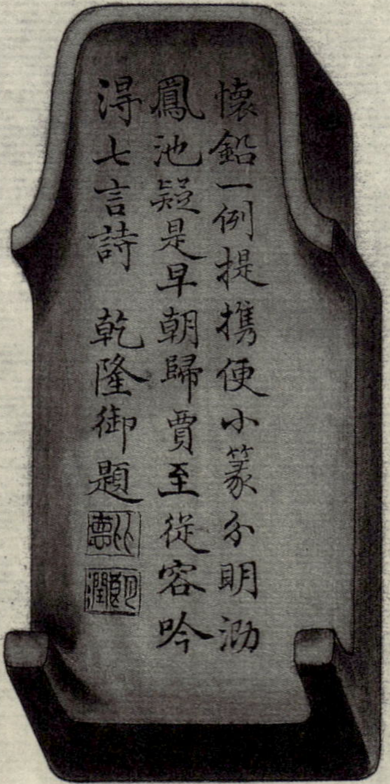
懷鉛一例提攜便小篆分明泐
鳳池疑是早朝歸賈至從容吟
淂七言詩　乾隆御題

舊端石鳳池硯說

硯高二寸七分寬一寸三分厚五分許舊水巖端石琢為鳳池式墨池首兩旁刓各分許如鳳字形覆手亦如之上方側面鐫鳳池二字篆書下為鳳足二離几約三分許中鐫

御題詩一首楷書鈐寶二曰比德曰朗潤匣蓋並鐫是詩隸書鈐寶與硯同

舊端石雙龍硯背面圖

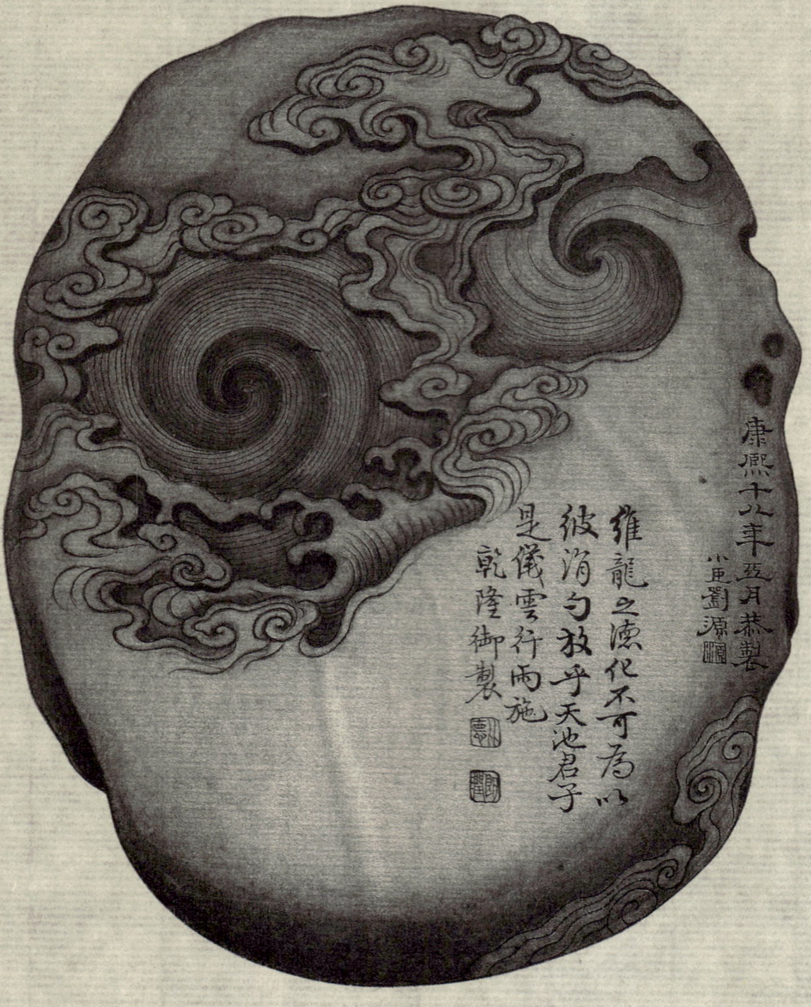

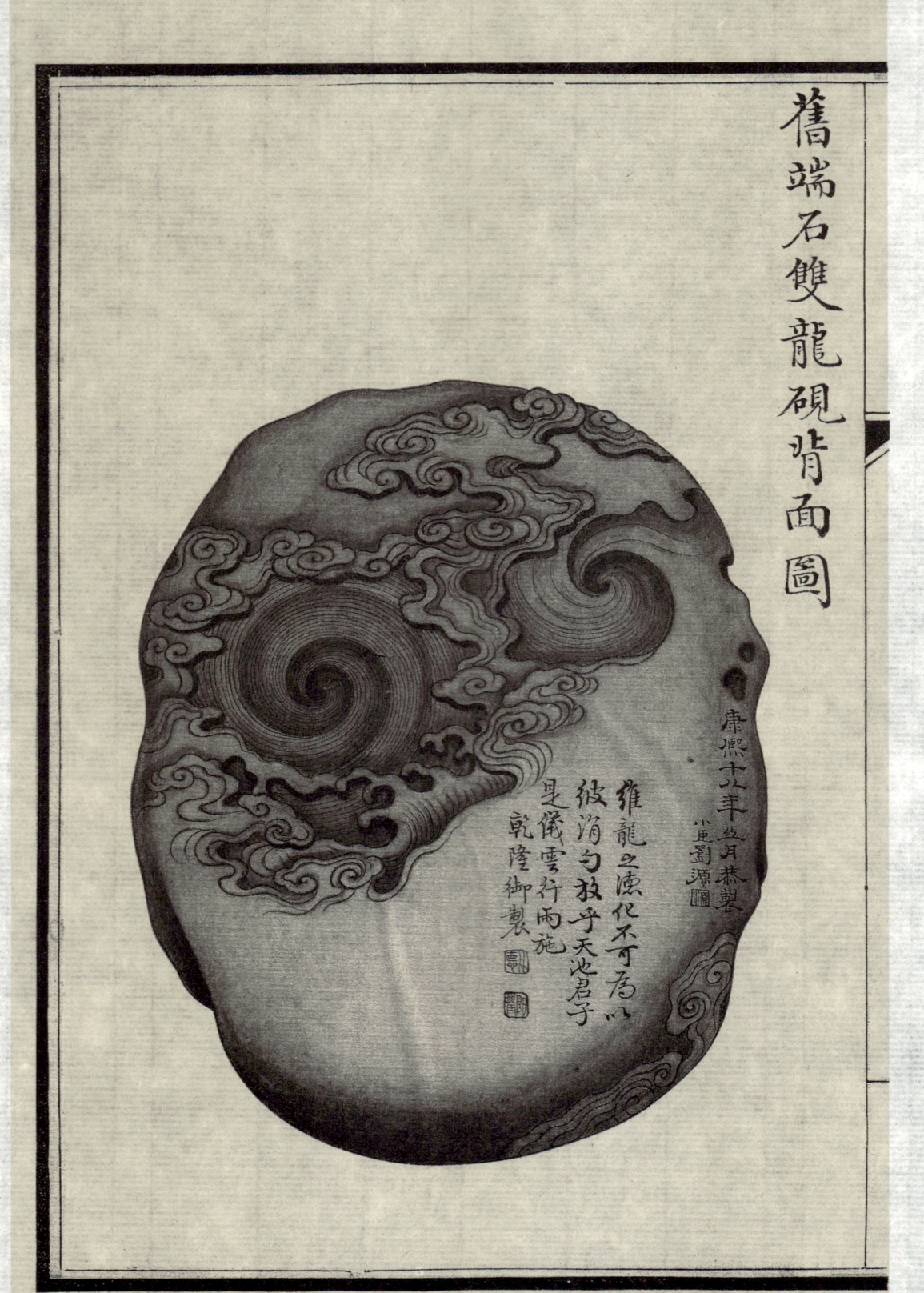

是銘鈐寶二曰幾暇怡情曰得佳趣右鐫宋蘇軾
硯銘四十六字末有康熙十七年七月右書宋臣
蘇軾硯銘十五字款並隸書下有臣源二字方印
一内鐫龍光二字隸書匣底鐫寶一曰天府永藏

舊端石飲鹿硯說

硯高八寸六分寬五寸三分厚一寸一分老坑端石色黝如龍尾硯面上方刻陽文竹一蕟下為坡陀中涵一潭為墨池右旁刻作巖石上踞一鹿作就池飲水狀鹿身及左坡陀上帶有天然金卝三下方偏左為受墨處硯背正平不施刻琢右側鐫乾隆甲午余月攷製八字篆書硯面竹枝下平處鐫

舊端石海天浴日硯背面圖

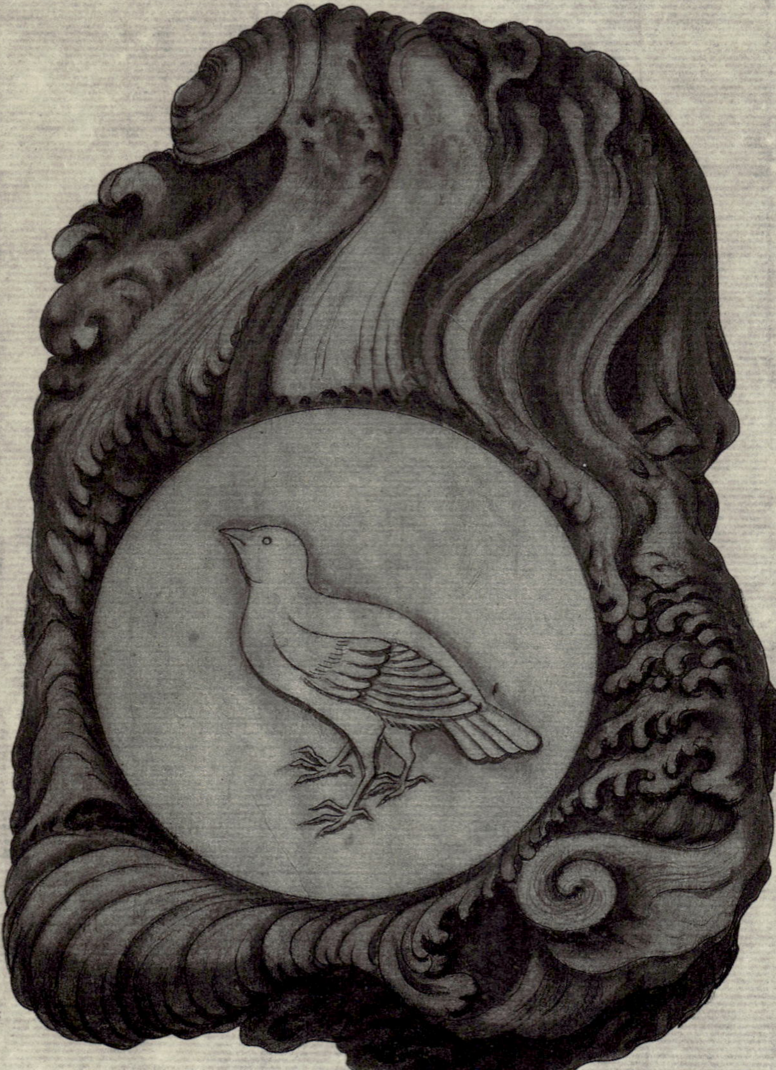

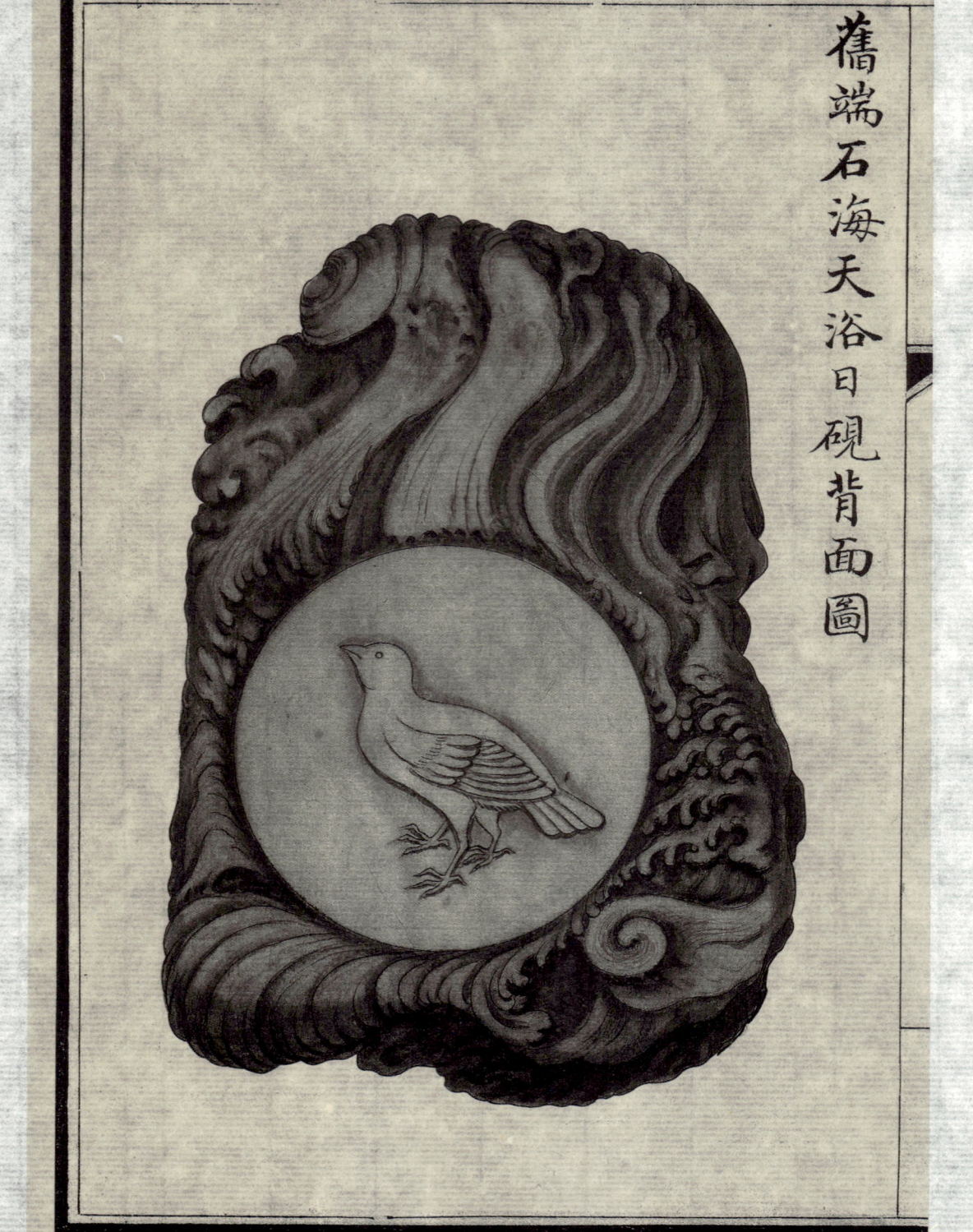

舊端石九子硯 熱河

舊端石弁星硯 延春閣

舊端石荷葉硯

舊端石蟬硯 延暉閣

舊端石饕餮夔紋硯 養心殿

舊端石海天浴日硯説

硯以端溪子石為之高五寸七分寬四寸厚一寸八分許受墨處刻為日輪海水全涌漩洑為墨池真有雲垂水立一落千丈之勢右側石質天然平處鐫

御題銘一首隸書鈐寶二曰古香曰太璞背亦刻作日輪中有三足烏霞光上燭剜刻工巧中脘盡痕跡極為佳製石質亦温潤匣蓋外鐫海天浴日四字

舊端石太極硯背面圖

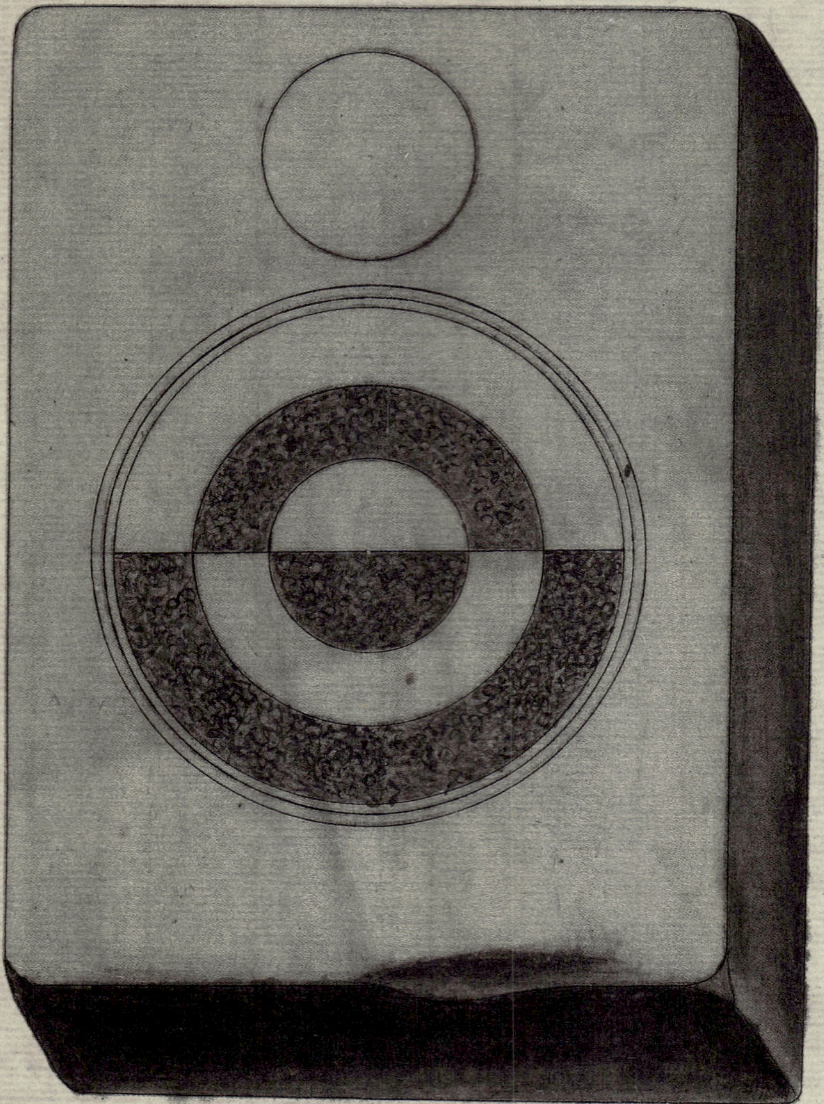

舊端石太極硯說

硯高八寸寬五寸五分厚一寸長方式石質清粹刻琢天然無刓鑿痕受墨處方五寸許微凹上為墨池深五分旁刻水波雲氣有飛泉赴壑之勢硯首左右有鸜鵒高眼各一四側膚理庚庚微有皴剝左側鐫

御題五言律詩一首隸書鈐寶二曰比德曰朗潤匣蓋並鐫是詩鈐寶二曰乾隆硯背上刻無極圖一徑

舊端溪子石五明硯背面圖

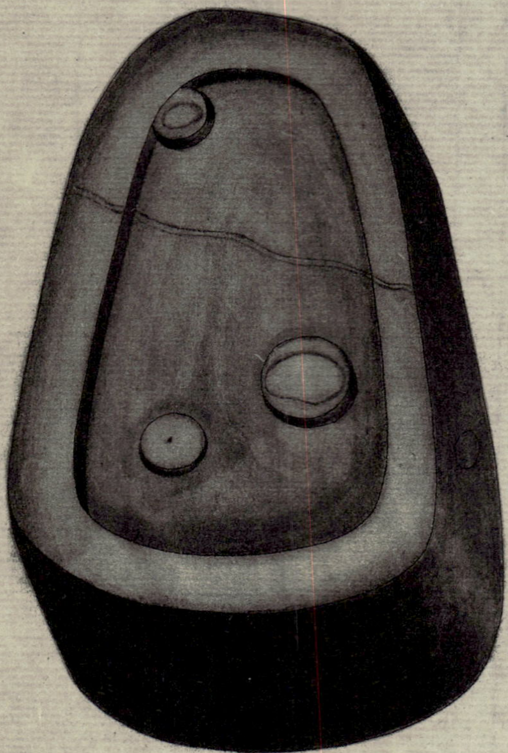

舊端溪子石五明硯說

硯高二寸八分下寬二寸豐下銳上厚約一寸五分端溪子石側理為之中横界金線一道精緻溫潤小品中之佳絶者也墨池上有高眼一旁刻龍鳳各一軒翥翔舞左右側上方及覆手三柱端共眼五尤為朗潤五明之義蓋取諸此下方側面鐫

御題銘一首楷書鈐寶一曰太璞匣蓋並鐫是銘隸書鈐寶一曰比徳

舊端石弦文硯背面圖

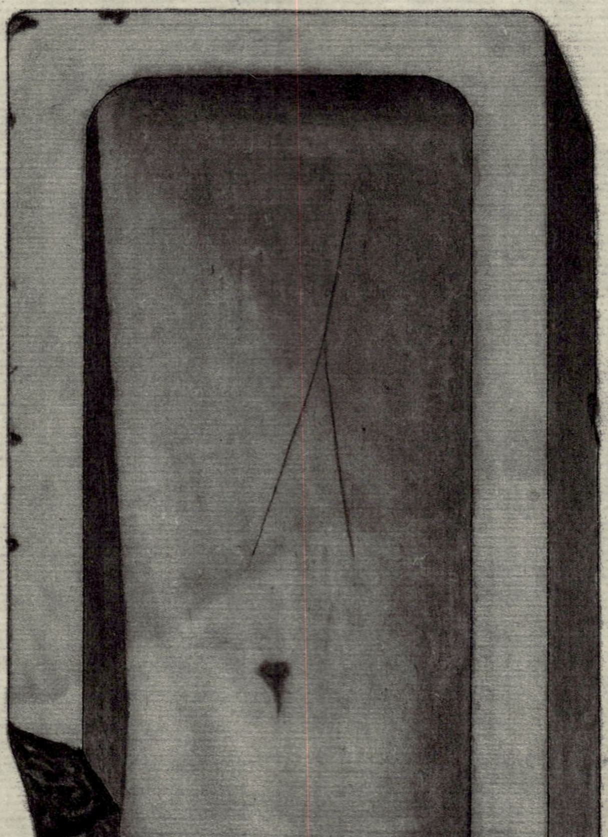

舊端石弦文硯說

硯高六寸八分寬四寸一分厚一寸三分舊阬端石質理細緻製作亦舊硯面周刻弦文凸起受墨處以用久深窪覆手穹如半筩右趺雖刓缺不礙為佳品也上方側鐫

御題銘一首楷書鈐寶二曰會心不遠曰德充符匣蓋並鐫是銘隸書鈐寶二曰乾隆謹案

内府藏硯經

舊端石折波硯背面圖

舊端石九子硯背面圖

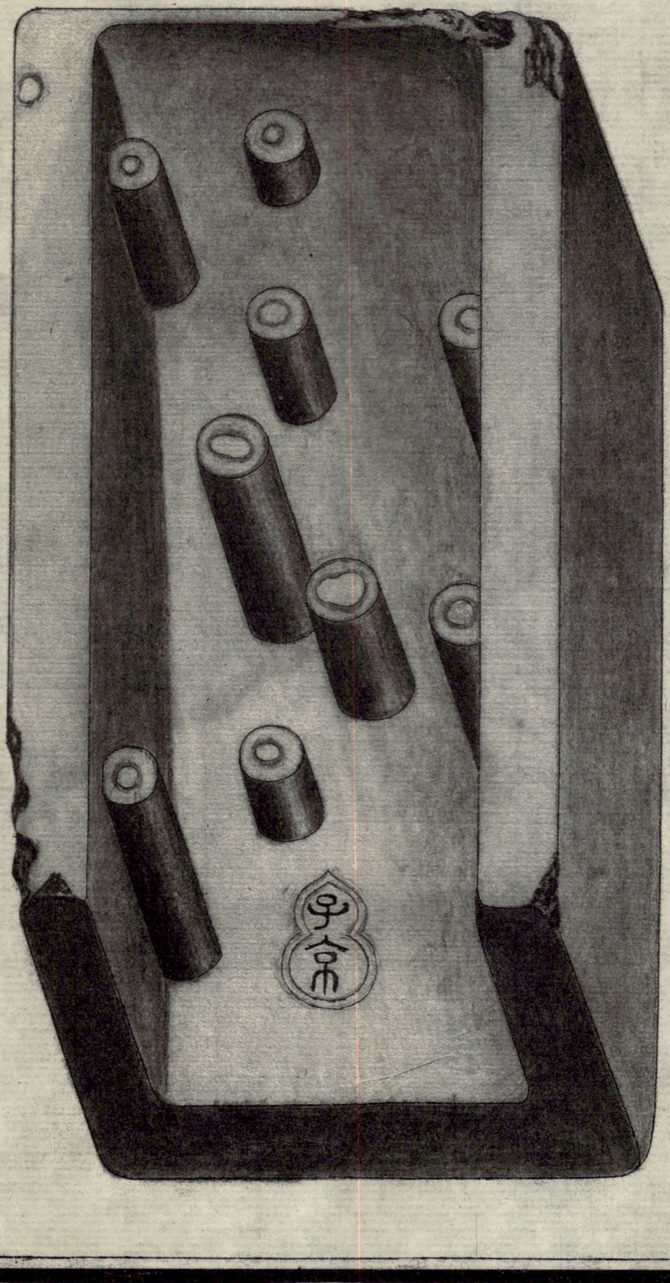

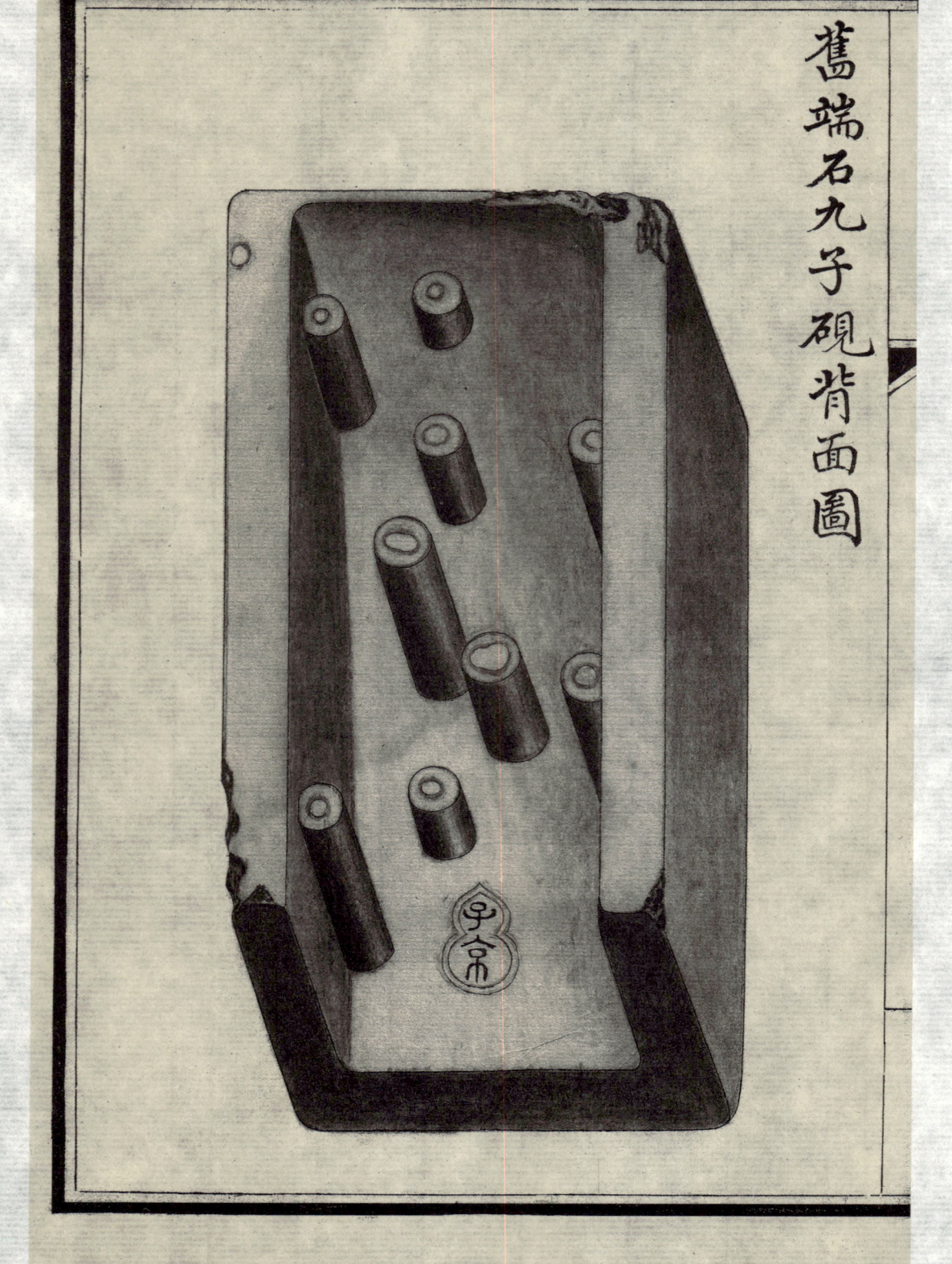

舊端石九子硯說

硯高七寸寬四寸一分厚二寸二分舊坑紫端石受墨處微窪其上駁蝕似曾入土者墨池深五分

右側鐫

御題銘一首隸書鈐寶二曰比德曰朗潤硯匣蓋並鐫是銘亦隸書鈐寶二曰幾暇怡情曰得佳趣硯背九柱高下森立各有鸜鵒活眼一下方刻壺盧形子京印一當是明項元汴墨林收藏故物

舊端石弁星硯背面圖

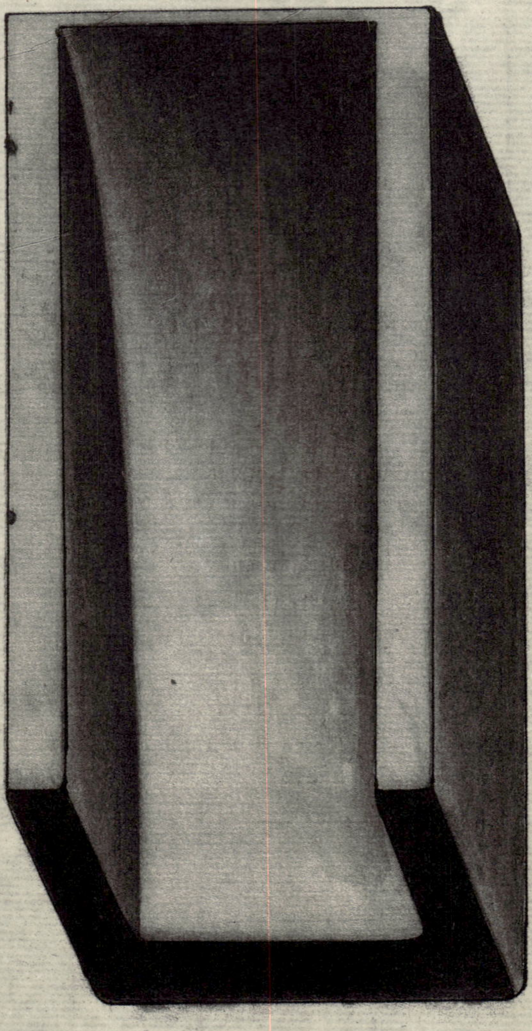

舊端石弁星硯左方側面圖

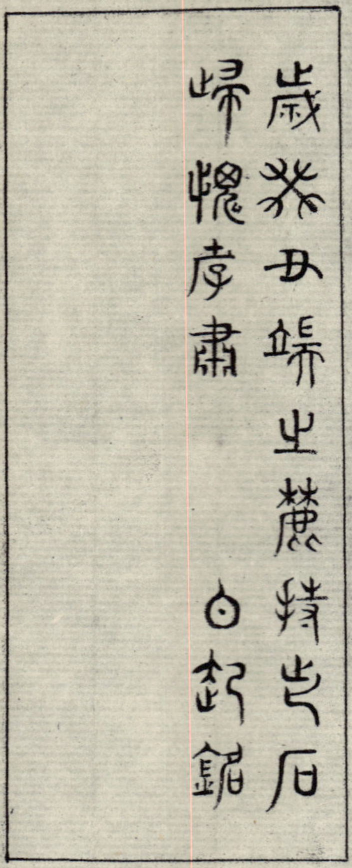

起長洲人善書有才名是硯盖其所藏

舊端石荷葉硯背面圖

銘録書鈐寶二曰幾暇怡情曰得佳趣

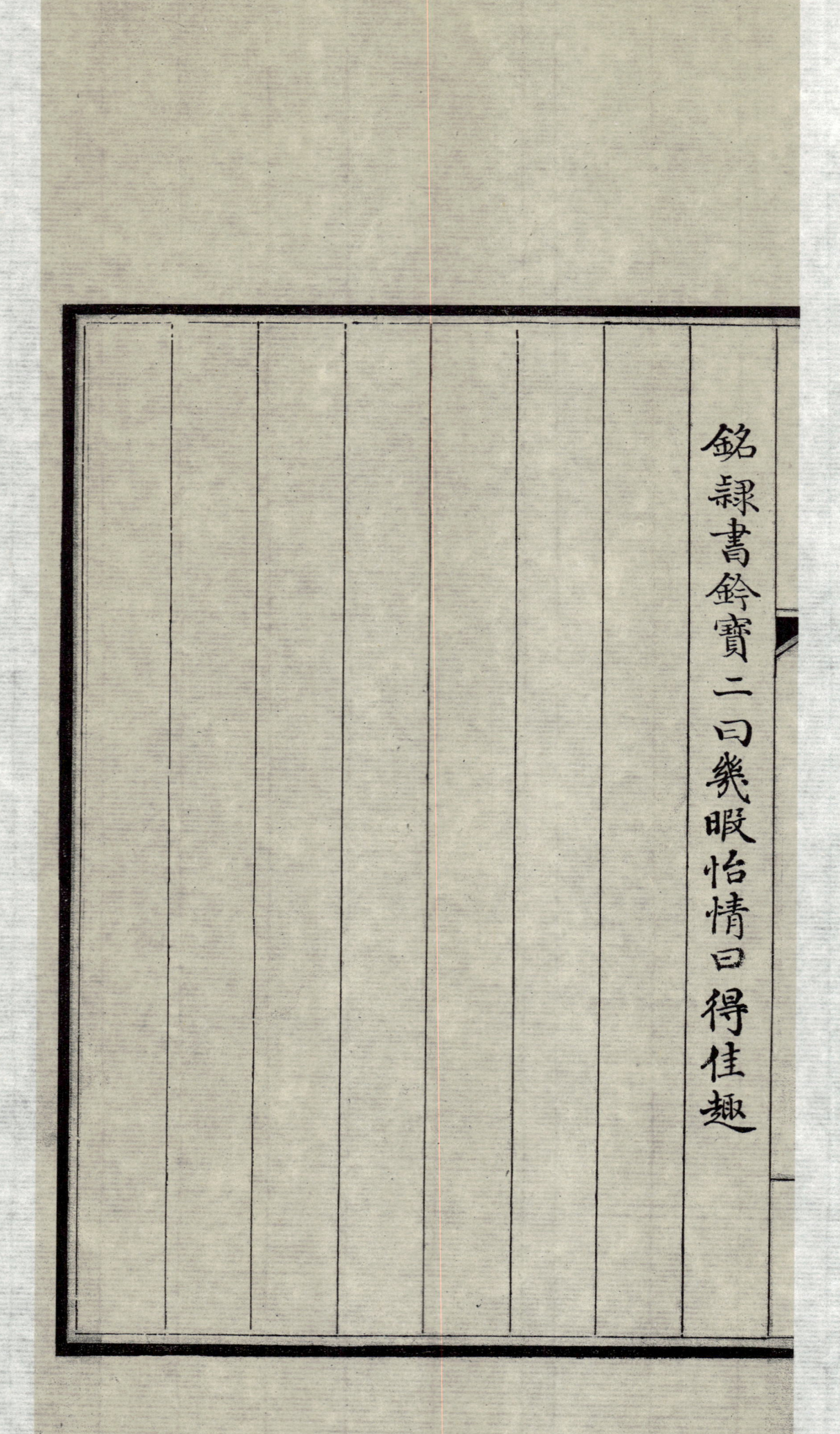

舊端石蟬硯背面圖

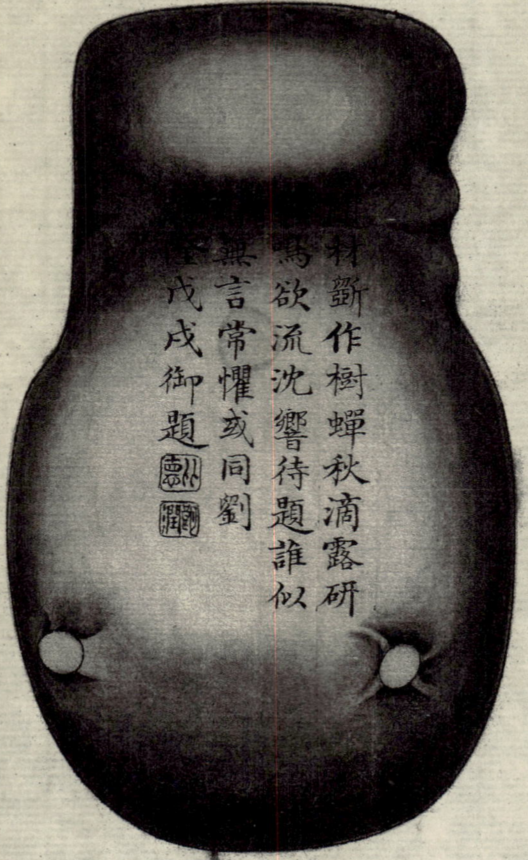
林斲作樹蟬秋滴露研
焉欲流沈響待題誰似
無言常懼或同劉
戊戌御題

舊端石饕餮夔紋硯背面圖

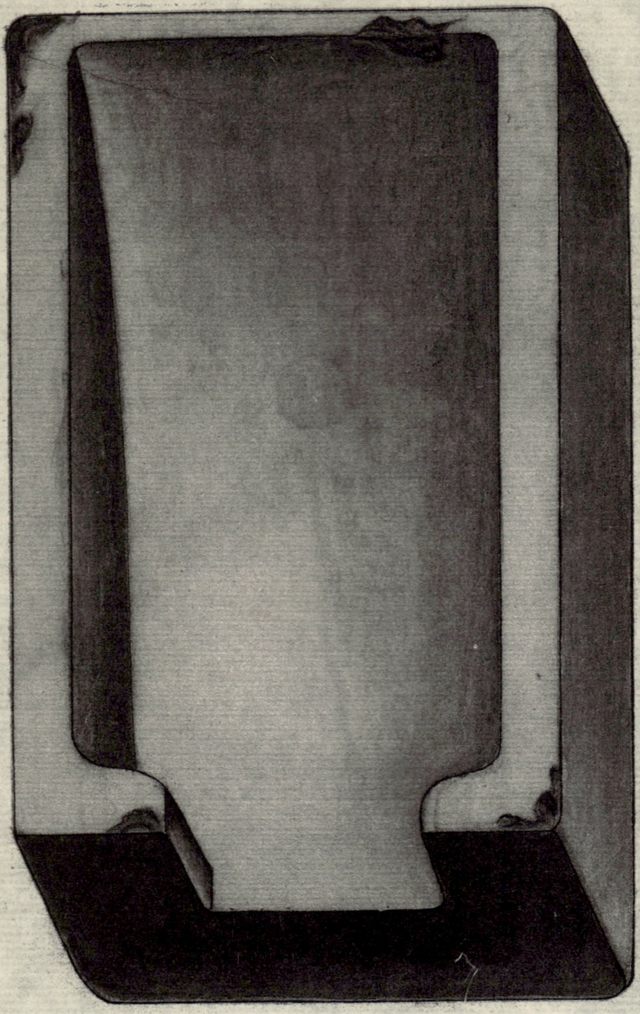

舊端石饕餮夔紋硯説

硯高五寸五分寬三寸五分許厚一寸許舊水坑蕉葉白也質極細嫩硯面及墨池通爲瓶式近墨池處皆棕眼紋邊上方周刻饕餮八下方刻夔十左上方有鸜鵒活眼一微帶鱔血斑覆手自上削下兩跗内抱離几六分許側面火捺翡翠隱然可辨上方側面鐫

御題銘一首楷書鈐寶二曰古香曰太璞匣蓋並鐫是